资治通鉴

资治通鉴

线装国学馆

精华版

第三卷

第十一章 唐纪

玄武门之变

上之起兵晋阳也，皆秦王世民之谋，上谓世民曰：『若事成，则天下皆汝所致，当以汝为太子。』世民拜且辞。及为唐王，将佐亦请以世民为世子，上将立之，世民固辞而止。太子建成，性宽简，喜酒色游畋；齐王元吉，多过失，皆无宠于上。世民功名日盛，上常有意以代建成，建成内不自安，乃与元吉协谋，共倾世民，各引树党友。

上晚年多内宠，小王且二十人，其母竞交结诸长子以自固。建成与元吉曲意事诸妃嫔，谄谀赂遗，无所不至，以求媚于上。或言烝于张婕妤、尹德妃，宫禁深秘，莫能明也。是时，东宫、诸王公、妃主之家及后宫亲戚横长安中，恣为非法，有司不敢诘。世民居承乾殿，元吉居武德殿后院，与上台①、东宫昼夜通行，无复禁限。太子、二王出入上台，皆乘马、携弓刀杂物，相遇如家人礼。太子令、秦齐王教与诏敕并行，有司莫知所从，唯据得之先后为定。世民独不奉事诸妃嫔，诸妃嫔争誉建成、元吉而短世民。

世民平洛阳，上使贵妃②等数人诣洛阳选阅隋宫人及收府库珍物。贵妃等私从世民求宝货及为亲属求官，世民曰：『宝货皆已籍奏，官当授贤才有功者。』皆不许，由是益怨。世民以淮安王神通有功，给田数十顷。张婕妤之父因婕妤求之于上，上手敕赐之，神通以教给在先，不与。婕妤诉于上曰：『敕赐妾父田，秦王夺之以与神通。』上遂发怒，责世民曰：『我手敕不如汝教邪！』他日，谓左仆射裴寂曰：『此儿久典兵在外，为书生所教，非复昔日子也。』尹德妃父阿鼠骄横，秦王府属杜如晦过其门，阿鼠家童数人曳如晦坠马，殴之，折一指，曰：『汝何人，敢过我门而不下马！』阿鼠恐世民诉于上，先使德妃奏云：『秦王左右陵暴妾家。』上复怒责世民曰：『我妃嫔家犹为汝左右所陵，况小民乎！』世民深自辩析，上终不信。

世民每侍宴宫中，对诸妃嫔，思太穆皇后③早终，不得见上有天下，或欷歔流涕，上顾之不乐。诸妃嫔因密共谮世民曰：『海内幸无事，陛下春秋高，唯宜相娱乐，而秦王每次独涕泣，正是憎疾妾等，陛下万岁后，妾母子必不为秦王所容，无孑遗矣！』因相与泣，且曰：『皇太子仁孝，陛下以妾母子属之，必能保全。』上为之怆然。由是无易太子意，待世民浸

疏，而建成、元吉日亲矣。

注释 ①上台：皇帝住的地方。②贵妃：妃子中的一种。③太穆皇后：窦皇后。

译文 高祖在晋阳起兵时，凡事都听儿子李世民的，高祖对李世民说：『这事儿要是成了，天下就是你带来的，我就立你做太子。』李世民拜谢并推辞。待到高祖成为唐王，将领们也请求以李世民为世子，高祖准备立他，李世民坚决推辞才作罢。太子李建成生性懒惰嗜酒贪杯，而且好色爱打猎；齐王李元吉小错不断，高祖不喜欢他。李世民功勋名望日增，高祖常常有意让他取代李建成为太子，李建成心中不安，于是与李元吉共同谋划，一起排挤李世民，他们私下勾结，树立党羽。

高祖晚年有很多嫔妃，这些嫔妃为他生了二十个孩子，他们的母亲都靠结交年长的王子来巩固地位。李建成和李元吉都曲意侍奉各位妃嫔，奉承献媚、贿赂、馈赠，无所不用，以求得皇上的宠爱。也有人说他们与张婕妤、尹德妃私通，宫禁幽深神秘，此事无从证实。当时太子东宫各王公贵族还有嫔妃家属都在长安霸道横行，干了好多坏事，有关部门也不追究。李世民住在承乾殿，李元吉住在武德殿后院，他们的住处与皇帝寝宫、太子东宫之间日夜通行，不再有所限制。太子与秦、齐二王出入皇帝寝宫，均乘马、携带刀弓杂物，彼此相遇只按家人行礼。太子所下达的令，秦、齐二王所下达的教和皇帝的诏敕并行，有关部门不知所从，只有按照收到的先后为准。只有李世民和他们划清界限，于是这些妃子们都愿意让李建成为太子，所以争相诋毁秦王。

李世民平定洛阳以后，高祖让贵妃们挑选隋宫里那些珠宝。贵妃们私下找李世民要宝贝，为亲戚求官。李世民说：『宝贝都得上交，赏给有功之臣。』没有答应她们的任何要求，因此妃嫔们更加恨他。李世民因为淮安王李神通有功，拨给他几十顷田地。张婕妤的父亲通过张婕妤向高祖请求要这些田，高祖手写敕令将这些田赐给他，李神通因为秦王的赐予在先，不让田。张婕妤跟高祖告状说：『皇上本来赐给我们的土地，又让秦王夺走给了神通。』高祖因此发怒，责备李世民说：『难道我的手敕不如你的许诺吗？』过了些天，高祖对左仆射裴寂说：『这孩子长期在外掌握军队，受书生们教唆，已经不再是原来的那个儿子了。』尹德妃的父亲尹阿鼠蛮横不讲理，秦王府的官员杜如晦经过他的门前，尹阿鼠几名家奴把他拉下马，狠狠打了一顿，还弄断了一根手指头，说：『你是谁，竟然到我门前不下马？』

尹阿鼠怕李世民告诉皇上，先让尹德妃对皇上说：『秦王的亲信欺侮我家人。』高祖又责怪李世民：『我妃嫔都受你的欺负，何况老百姓？』李世民反复辩解，高祖就是不信。

李世民每次在宫里伺候高祖宴会，对着诸位妃嫔，想起他母亲死得早，没能看见高祖拥有天下，就叹气流泪。高祖很不高兴。各位妃嫔趁机暗中一同诋毁李世民道：『天下幸好平安无事，陛下年寿已高，只适合娱乐，而秦王总是一个人流泪，这实际上是憎恨我们，陛下作古后，我们母子必定不为秦王所容，会被杀得一个不留！』因此互相对着哭，并说：『皇太子孝顺，陛下把我们托付给太子，一定能保全。』高祖也为此很伤心。从此高祖打消改立太子念头，对李世民疏远，对李建成李元吉倒是非常信任。

秦王世民既与太子建成、齐王元吉有隙。建成夜召世民，饮酒而鸩之，世民暴心痛，吐血数升，淮安王神通扶之还西宫①。上幸西宫，问世民疾，敕建成曰：『秦王素不能饮，自今无得复夜饮。』因谓世民曰：『首建大谋，削平海内，皆汝之功。吾欲立汝为嗣，汝固辞；且建成年长，为嗣日久，吾不忍夺也。观汝兄弟似不相容，同处京邑，必有纷竞，当遣汝还行台，居洛阳，自陕以东皆主之。仍命汝建天子旌旗，如汉梁孝王故事。』世民涕泣，辞以不欲远离膝下，上曰：『天下一家，东、西两都，道路甚迩，吾思汝即往，毋烦悲也。』将行，建成、元吉相与谋曰：『秦王若至洛阳，有土地甲兵，不可复制，不如留之长安，则一匹夫耳，取之易矣。』乃密令数人上封事，言『秦王左右闻往洛阳，无不喜跃，观其志趣，恐不复来』。又遣近幸之臣以利害说上，上意遂移，事复中止。

建成、元吉与后宫日夜谮诉世民于上，上信之，将罪世民。陈叔达谏曰：『秦王有大功于天下，不可黜也。且性刚烈，若加挫抑，恐不胜忧愤，或有不测之疾，陛下悔之何及！』上乃止。元吉密请杀秦王，上曰：『彼有定天下之功，罪状未著，何以为辞？』元吉曰：『秦王初平东都，顾望不还，散钱帛以树私恩，又违敕命，非反而何！但应速杀，何患无辞！』上不应。

注释 ①西宫：承乾殿。

译文 李世民和李建成、李元吉渐渐有了嫌隙。有一天晚上，李建成把弟弟李世民找来喝酒，要毒死他。酒

后，李世民突然心痛，吐了几升血，淮安王李神通搀扶他回到西宫。

高祖到西宫探望李世民，和李建成说：『你弟弟平时就没酒量，从今天起，你不能再找他喝酒了！』高祖因而对李世民说：『你第一个提出反隋的谋略，消灭平定国内的敌人，这都是你的功劳。我打算将你立为继承人，你却坚决推辞掉了。而且，建成年纪最大，作为继承人，为时已久，我也不忍心削去他的权力啊。我看你们俩也难以相容，你们都住京城，以后早晚得打起来，我派你去行台，以后你就呆在洛阳，陕西东边让你主持。我还要让你设置天子的旌旗，一如汉梁孝王开创的先例。』李世民哭泣着，以不愿意远离高祖膝下为理由，表示推辞。高祖说：『天下都是一家。东都和西都两地，路程很近，只要我想念你，便可动身前去，你不用烦恼悲伤。』李世民准备出发，那哥俩商量道：『他要是去了洛阳，有了土地军队，那还得了？要是在长安，不过是一介匹夫，量他也没什么能耐了。』于是，他们暗中让好几个人以密封的奏章上奏皇帝，声称：『秦王身边的人们得知秦王前往洛阳的消息以后，无不欢喜雀跃。察看李世民的意向，恐怕他不会再回来了。』他们还让高祖的宠臣拿这件事和高祖商量，于是高祖又改变主意，这事就中途搁置了。

李建成、李元吉和后宫的妃嫔整天诬陷李世民，高祖也相信，打算惩罚李世民。陈叔达进谏说：『秦王为全国立下了巨大的功劳，是不能够废黜的。况且，他性情刚烈，倘若加以折辱贬斥，恐怕经受不住内心的忧伤愤郁，一旦染上难以测知的疾病，陛下后悔还来得及吗？』于是，高祖就没处罚他。李元吉想暗中把他哥哥杀了，高祖说：『他平定天下立了大功，犯的过错又不明显，拿什么当借口？』李元吉说：『秦王刚刚平定东都洛阳的时候，观望形势，不肯返回，散发钱财布帛，

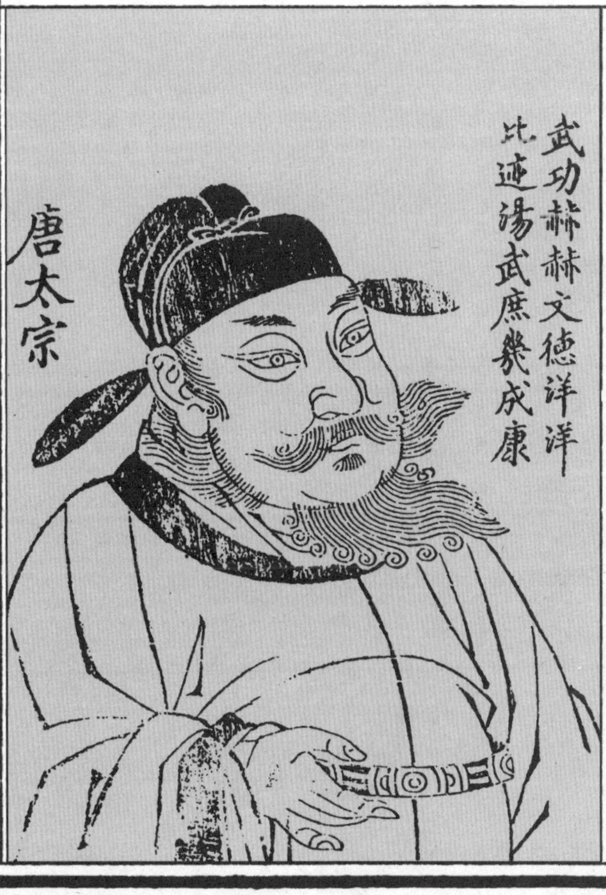

以便树立个人的恩德，又违背陛下的命令，不是造反，又是什么！只应该赶紧将他杀掉，何必担心找不到借口！』高祖没吱声。

秦府僚属皆忧惧不知所出。行台考功郎中①房玄龄谓比部郎中长孙无忌曰：『今嫌隙已成，一旦祸机窃发，岂唯府朝②涂地，乃实社稷之忧；莫若劝王行周公之事以安家国。存亡之机，间不容发，正在今日！』无忌曰：『吾怀此久矣，不敢发口。今吾子所言，正合吾心，谨当白之。』乃入言世民。世民召玄龄谋之，玄龄曰：『大王功盖天地，当承大业！今日忧危，乃天赞也，愿大王勿疑。』乃与府属杜如晦共劝世民诛建成、元吉。

建成、元吉以秦府多骁将，欲诱之使为己用，密以金银器一车赠左二副护军尉迟敬德，并以书招之。敬德以告世民，世民曰：『公心如山岳，虽积金至斗③，知公不移。相遗但受，何所嫌也！且得以知其阴计，岂非良策！不然，祸将及公。』元吉乃谮敬德于上，下诏狱讯治，将杀之，世民固请，得免。又以金帛诱右二护军段志玄，志玄不从。建成谓元吉曰：『秦府智略之士，可惮者独房玄龄、杜如晦耳。』皆谮之于上而逐之。世民腹心唯长孙无忌尚在府中，与其舅雍州治中高士廉、右候车骑将军三水侯君集及尉迟敬德等，日夜劝世民诛建成、元吉，世民犹豫未决。

会突厥郁射设将数万骑屯河南，入塞，围乌城，建成荐元吉代世民督诸军北征，上从之，命元吉督右武卫大将军李艺、天纪将军张瑾等救乌城。元吉请尉迟敬德、程知节、段志玄及秦府右三统军秦叔宝等与之偕行，简阅秦王帐下精锐之士以益元吉军。率更丞王晊密告世民曰：『太子语齐王：「今汝得秦王骁将精兵，拥数万之众，吾与秦王饯汝于昆明池，使壮士拉杀之于幕下，奏云暴卒，主上宜无不信。吾当使人进说，令授吾国事。敬德等既入汝手，宜悉坑之，孰敢不服！」』世民以晊言告长孙无忌等，无忌等劝世民先事图之。世民叹曰：『骨肉相残，古今大恶。吾诚知祸在朝夕，欲俟其发，然后以义讨之，不亦可乎！』敬德曰：『人情谁不爱其死！今众人以死奉王，乃天授也。祸机垂发，而王犹晏然不以为忧，大王纵自轻，如宗庙社稷何！大王不用敬德之言，敬德将窜身草泽，不能留居大王左右，交手受戮也！』

世民命卜之，幕僚张公谨自外来，取龟投地，曰：

『卜以决疑；今事在不疑，尚何卜乎！卜而不吉，庸得已乎！』于是定计。

注释 ①考功郎中：一种掌管官吏考课的官职。②府朝：府廷。③斗：北斗。

译文 秦王府的官员们人人自危，不知该如何是好。行台考功郎中房玄龄对比部郎中长孙无忌说：『现在仇怨已经结下了，一旦祸起，岂止是秦王府将不可收拾，那将是国家安定的问题。不如劝说秦王采取周公平定管叔与蔡叔的行动，以便安定皇室与国家。存亡的枢机，形势的危急，就在今天！』长孙无忌说：『我有这一想法已经有很长时间了，只是不敢讲出口来。现在你说这话正合我意，请让我告诉秦王。』于是，长孙无忌进去告诉了李世民。李世民传召房玄龄计议此事，房玄龄说：『大王的功劳足以遮盖天地，应当继承皇帝的伟大勋业。现在大王心怀忧虑戒惧，正是上天在帮助大王啊。希望大王不要疑惑不定了。』于是，房玄龄与秦王府属杜如晦一块劝秦王杀了李建成和李元吉。

秦王府有许多骁勇善战的将领，李建成和李元吉很早就想把这些人挖过来，但一直没成功。他们曾给尉迟敬德送了一车金子，另附一封书信。尉迟敬德将此事告诉了李世民，李世民说：『您的心就像山岳那样坚实牢靠，即使他赠送给您的金子堆积得顶住了北斗星，我知道您的心还是不会动摇的。他给您什么，您就接受什么，这有什么可猜疑的。况且这样一来，久而久之，我们就知道他们的阴谋了，否则，祸事就将降临到您的头上了。』李元吉向高祖诬陷尉迟敬德，敬德被关进奉诏命特设的监狱里审问处治，准备将他杀掉，由于李世民再三请求保全他的生命，这才得以不死。李元吉又用金银布帛引诱右二护军段志玄，段志玄不肯从命。李建成对李元吉说：『秦王府里有智谋的就是房玄龄和杜如晦。』他俩便向高祖诬陷他们。

李世民的亲信到最后只有长孙无忌还在府上，无忌和舅舅雍州治中高士廉、右候车骑将军三水人侯君集及尉迟敬德等，日夜劝说李世民诛杀李建成李元吉，李世民犹豫不决。

等到突厥郁射设领兵数万到了黄河以南，包围了乌城，李建成就推荐李元吉替李世民征讨突厥。高祖听从了他的建议，命令李元吉督率右武卫大将军李艺、天纪将军张瑾等人前去援救乌城。李元吉请求让尉迟敬德、程知节、段志玄以及秦王府右三统军秦叔宝等人与自己一同前往，检阅并挑选秦王军中精悍勇锐的将士，来增强李元吉的军队。率更丞王晊秘密告诉李世民：『太子跟齐王说：「现在你已经接管了李世民的兵马了。我到时和他一起到昆明为你饯行，你就让甲士埋伏他帐中，杀了他，我上奏就说李世民暴病而死，皇上不会不信的。我自当让人进言申说，使皇上将国家事务交给我。尉迟敬德等人被你掌握以后，应该将他们悉数活埋，有谁敢不服呢！」』李世民将王晊的话告诉了长孙无忌等人，长孙无忌等人劝说李世民在事发以前设法对付他们。李世民叹息着说：『骨肉相互残杀，是古往今来的大丑事。我当然知道大祸将至，只是我想等大祸发生，再讨伐他们，这不也可以么。』尉迟敬德说：『作为人之常情，有谁能够舍得死去！现在大家誓死拥戴大王，这是上天所授。祸患就要发动，大王却仍旧态度安然，不为此事担忧。即使大王把自己看得很轻，又怎么对得起宗庙社稷呢！如果大王不肯采纳我的计策，我也只好独自逃命。我是不能陪您，沦为案中肉糜了。』

李世民命人卜卦，正好秦王幕府僚属张公谨从外面进来，把龟甲扔在地上说：『占卜是为了决断难决之事，现在这事有什么可难决的！要是卜卦不吉，也不行动吗？』于是定下大计。

点评 建成前鸩秦王，高祖已知之。今若明使壮士拉杀而欺云暴卒，高祖岂有肯信之理！（胡三省）

（武德九年六月）己未，太白复经天。傅奕密奏：『太白见秦分，秦王当有天下。』上以其状授世民。于是世民密奏建成、元吉淫乱后宫，且曰：『臣于兄弟无丝毫负，今欲杀臣，似为世充、建德报仇。臣今枉死，永违君亲，魂归地下，实耻见诸贼！』上省之，愕然，报曰：『明当鞫问，汝宜早参。』

庚申，世民帅长孙无忌等入，伏兵于玄武门①。建成、元吉至临湖殿，觉变，即跋马②东归宫府。世民从而呼之，元吉张弓射世民，再三不彀，世民射建成，杀之。尉迟敬德将七十骑继至，左右射元吉坠马。世民马逸入林下，为木枝所绁，坠不能起。元吉遽至，夺弓将扼之，敬德跃马叱之。元吉步欲趣武德殿，敬德追射，杀之。翊卫车骑将军冯翊冯立闻建成死，叹曰：『岂有生受其恩而死逃其难乎！』乃与副护军薛万彻、屈咥直府左车骑万年谢叔方帅东宫、齐府精兵二千驰趣玄武门。守门兵与万彻等力战良久，万彻鼓噪欲攻秦府，将士大惧，尉迟敬德持建成、元吉首示之，宫府兵遂溃。万彻与数十骑亡入终南山。

上方泛舟海池，世民使尉迟敬德入宿卫，敬德擐甲持矛，直至上所。上大惊，问曰：『今日乱者谁邪？卿来此何为？』对曰：『秦王以太子、齐王作乱，

举兵诛之，恐惊动陛下，遣臣宿卫。』上谓裴寂等曰：『不图今日乃见此事，当如之何？』萧瑀、陈叔达曰：『建成、元吉本不预义谋，又无功于天下，疾秦王功高望重，共为奸谋。今秦王已讨而诛之，秦王功盖宇宙，率土归心，陛下若处以元良，委之国事，无复事矣！』上曰：『善！此吾之夙心也。』时宿卫及秦府兵与二宫左右战犹未已，敬德请降手敕，令诸军并受秦王处分，上从之。天策府司马宇文士及自东上阁门出宣敕，众然后定。上又使黄门侍郎裴矩至东宫晓谕诸将卒，皆罢散。上乃召世民，世民跪而吮上乳，号恸久之。

建成子安陆王承道、河东王承德、武安王承训、汝南王承明、巨鹿王承义，元吉子梁郡王承业、渔阳王承鸾、普安王承奖、江夏王承裕、义阳王承度皆坐诛，乃绝属籍。

注释 ①玄武门：北门。②跋马：使马往回走。

译文 唐高祖武德九年（六二六年）六月己未（初三），金星再次在大白天出现在正南方午位。傅奕秘密上奏说：『金星出现在秦地的分野上，这是秦王拥有天下的征兆。』高祖将傅奕的密状交给了李世民。此时，李世民暗中奏陈李建成与李元吉淫乱后宫妃嫔，而且说：『我丝毫也没有对不起哥哥与弟弟的地方，现在他们却打算杀死我，似乎是要为王世充和窦建德报仇。如今我含冤而死，永远离开父皇，魂魄回到地下，如果见到王世充等人，实在感到羞耻！』高祖望着李世民，惊讶不已，回答说：『明天就审问此事，你最好及早前来朝参。』庚申（初四），李世民带着长孙无忌入朝，把士兵埋伏在玄武门外。李建成、李元吉来临湖殿时，忽然感觉有变，于是立刻调转马头，准备回府。李世民跟在后面招呼他们，李元吉拉开弓射李世民，一连两三次，都没有将弓拉满，李世民箭射李建成，却将他射死了。尉迟敬德带领骑兵七十人相继赶到，他身边的将士将李元吉射下马来。李世民的坐骑奔入树林，被树枝挂住，倒在地上，不能起来。李元吉迅速赶到，夺过弓来，准备掐死李世民，尉迟敬德跃马奔来大声喝斥他。李元吉打算步行前往武德殿，尉迟敬德追着射他，将他射死了。翊卫车骑将军冯翊人冯立得一听李建成死了，叹道：『难道人家活着就蒙受厚恩，死了就逃避灾祸？』于是，他与副护军薛万彻、屈咥直府左车骑万年谢叔方率领东宫和齐王府的精锐兵马两千人，急驰玄武门。把守玄武门的士兵与薛万彻等人奋力交战，持续了很长时间，薛万彻擂着鼓，呼喊着，准备进攻秦王府，

◎唐纪·玄武门之变

将士们大为恐惧。这时，尉迟敬德提着建成、元吉的头，给薛万彻等看，东宫和齐王府人马溃散，薛万彻逃进终南山去了。

高祖正在海池划船。李世民让尉迟敬德入宫担任警卫，尉迟敬德身披铠甲手持长矛就来到高祖面前。高祖吓了一跳，就说：『谁在作乱？你怎么到这来了？』尉迟敬德回答说：『由于太子和齐王作乱，秦王起兵诛杀了他们。秦王担心惊动陛下，便派我担任警卫。』高祖对裴寂等人说：『今天怎会出现这种事，你们说应该怎么办？』萧瑀和陈叔达说：『李建成与李元吉原来就没有参与举义反隋的谋议，又没有为天下立下功劳。他们嫉妒秦王功勋大，威望高，便一起策划邪恶的阴谋。现在，秦王已经声讨并诛杀了他们，秦王的功绩布满天下，我国疆域以内的人们都诚心归向于他。如果陛下能够决定立他为太子，将国家政务交托给他，就不会再发生事端了。』高祖说：『对！这也是我的心愿啊。』当时，宿卫军和秦王府的兵马与东宫和齐王府的亲信交战还没有停止，尉迟敬德请求高祖颁布亲笔敕令，命令各军一律接受秦王的处置，高祖听从了他的建议。天策府司马宇文士及由东上阁门出来宣布敕令，大家便安定下来。高祖又让黄门侍郎裴矩前往东宫开导各个将士，将士们便都弃职散开。于是，高祖召见李世民，抚慰道：『这些日子以来我险些听信谗言把你杀了啊。』李世民给父亲跪下，扑在他胸前痛哭。

李建成的儿子安陆王李承道、河东王李承德、武安王李承训、汝南王李承明、巨鹿王李承义，李元吉的儿子梁郡王李承业、渔阳王李承鸾、普安王李承奖、江夏王李承裕、义阳王李承度等皆被斩首，在宗室册上除名。

一代女皇

初，武后能屈身忍辱，奉顺上意，故上排群议而立之；及得志，专作威福，上欲有所为，动为后所制，上不胜其忿。（麟德元年）有道士郭行真，出入禁中，尝为厌胜之术，宦者王伏胜发之。上大怒，密召西台侍郎、同东西台三品上官仪议之。仪因言：『皇后专恣，海内所不与，请废之。』上意亦以为然，即命仪草诏。

左右奔告于后，后遽诣上自诉。诏草犹在上所，上羞缩不忍，复待之如初；犹恐后怨怒，因绐之曰：『我初无此心，皆上官仪教我。』仪先为陈王谘议，与王伏胜事故太子忠，后于是使许敬宗诬奏仪、伏胜与忠谋大逆。十二月，丙戌，仪下狱，与其子庭芝、王伏胜皆死，籍没其家。戊子，赐忠死于流所。右相刘祥道坐与仪善，罢政事，为司礼太常伯①，左肃机②郑钦泰等朝士流贬者甚众，皆坐与仪交通故也。

自是上每视事，则后垂帘于后，政无大小，皆与闻之。天下大权，悉归中宫，黜陟、杀生，决于其口，天子拱手而已，中外谓之二圣。

注释 ①司礼太常伯：礼部尚书。②左肃机：尚书左丞。

译文 开始时，武则天忍辱负重，顺从高宗，所以高宗谁的话也不听，立她做皇后。等到她得志之后，恃势专权，唐高宗想有所作为，常为她所牵制，唐高宗非常愤怒。唐高宗麟德元年（六六四年），有个道士叫郭行真，出入宫中，教人用诅咒害人，太监王伏胜把这事告诉了高宗。唐高宗大怒，秘密召来西台侍郎、同东西台三品上官仪商议。上官仪于是进言说：『皇后专权自恣，天下人都不说好话，请废黜她。』唐高宗也觉得该这么办，就派人起草诏书。

皇帝周围人都去通知武后，于是她赶忙跑到高宗这里。当时废黜的文书还在撰写呢，他一看见武后，又心软了，于是就对她说：『我本来也没这么想，都是那个上官仪跟我说的。』上官仪原先任陈王谘议，与王伏胜都曾事奉已被废黜的太子李忠，武后于是便指使许敬宗诬奏上官仪、王伏胜与李忠阴谋背叛朝廷。十二月，丙戌（十三日），上官仪被捕入狱，他儿子上官庭芝还有王伏胜都被抄家处死。戊子（十五日），赐李忠自尽于流放处所。右相刘祥道与上官仪有旧交，被免去相位，降职司礼太常伯，左肃机郑钦泰等好多官员都被流放贬谪，他们都是上官仪的旧交。

这以后，唐高宗每次临朝，武后都在旁边听着，国家的事无论大小她都要插手。天下大权，全归于武后，官员升降生杀，取决于她一句话，皇帝只是无所事事的清闲人而已，朝廷内外称他俩『二圣』。

点评 唐自武后专政之后，遂以女主临朝，革唐为周，实开辟以来所未有之大变。然原其始，则高宗一念之嬖爱为之也。是以人君必清心寡欲，贵德贱色，修身齐家，谨于幽独之中，察于燕私之际，使妇不得乘夫，内不得干外，然后君权无旁落，而宗社可常保也。（张居正）

（上元二年）上苦风眩甚，议使天后摄知国政。中书侍郎同三品郝处俊曰：『天子理外，后理内，天之道也。昔魏文著令，虽有幼主，不许皇后临朝，所以杜祸乱之萌也。陛下奈何以高祖、太宗之天下，不传之子孙而委之天后乎！』中书侍郎昌乐李义琰曰：『处俊之言至忠，陛下宜听之！』上乃止。

太子弘仁孝谦谨，上甚爱之，礼接士大夫，中外属心。天后方逞其志，太子奏请，数迕旨，由是失爱于天后。义阳、宣城二公主，萧淑妃之女也，坐母得罪，幽于掖庭，年逾三十不嫁。太子见之惊恻，遽奏请出降，上许之。天后怒，即日以公主配当上翊卫权毅、王遂古。（四月）己亥，太子薨于合璧宫，时人以为天后鸩之也。

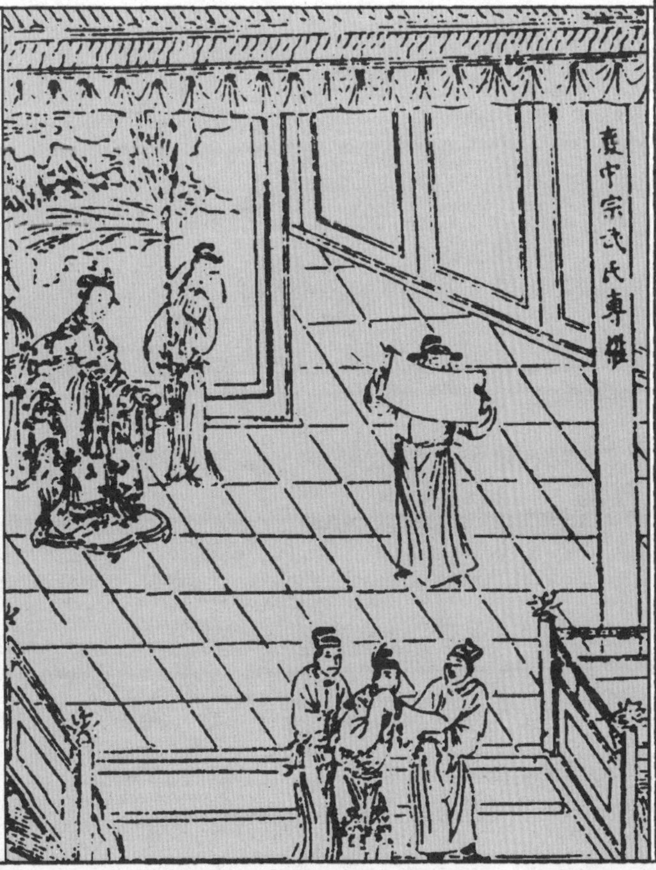

（弘道元年）十二月，丁巳，改元，赦天下。是夜，上崩于贞观殿。遗诏太子柩前即位，军国大事有不决者，兼取天后进止。庚申，裴炎奏太子未即位，未应宣敕，有要速处分，望宣天后令于中书、门下施行。甲子，中宗即位，尊天后为皇太后，政事咸取决焉。太后以泽州刺史韩王元嘉等，地尊望重，恐其为

变，并加三公等官以慰其心。

（光宅元年）中宗欲以韦玄贞为侍中，又欲授乳母之子五品官，裴炎固争，中宗怒曰：『我以天下与韦玄贞何不可！而惜侍中邪！』炎惧，白太后，密谋废立。二月，戊午，太后集百官于乾元殿，裴炎与中书侍郎刘祎之、羽林将军①程务挺、张虔勖勒兵入宫，宣太后令，废中宗为庐陵王，扶下殿。中宗曰：『我何罪？』太后曰：『汝欲以天下与韦玄贞，何得无罪！』乃幽于别所。

己未，立雍州牧豫王旦为皇帝。政事决于太后，居睿宗于别殿，不得有所预。立豫王妃刘氏为皇后。

注释 ①羽林将军：武将官职。

译文 唐高宗上元二年（六七五年），唐高宗受风眩病困扰，商议让武则天代理政事。中书侍郎、同三品郝处俊说：『皇帝治理外朝，皇后治理后宫，是天经地义的。以前魏文帝曹丕就曾经下过法令，太后一律不准临朝，以防外戚之祸。陛下为何不将高祖、太宗的天下传给子孙，而托付给天后呢！』中书侍郎昌乐人李义琰说：『郝处俊的话是最忠诚的，陛下应当听取！』唐高宗便放弃这个打算。

太子李弘性格温和待人谦逊，高宗很喜欢他。他对朝中大臣以礼相待，得到了朝内外的一致认可。天后武则天正要施展个人抱负，太子李弘奏事多次违反她的旨意，因此武则天不喜欢他。义阳、宣城二位公主，是萧淑妃的女儿，因受母亲牵连而获罪，被囚禁在后宫中，年过三十不能结婚。太子李弘一看这情况，又吃惊又同情，马上上奏让她们嫁出去，高宗就批准了。武则天很恼火，当天便把她们分别嫁给正在值班的翊卫权毅、王遂古。己亥（二十五日），太子李弘死在了合璧宫，据说就是被武则天毒死的。

唐高宗弘道元年（六八三年）十二月，丁巳（初四），唐朝更改年号，大赦天下。这天夜里，高宗死在了贞观殿。他的遗诏里命令太子在他灵柩前即位，国家大事决断不来就问天后。庚申（初七），裴炎上奏说太子尚未即帝位，不宜由他直接发布诏令，有急需处理的重要事情，希望发布天后的命令由中书省、门下省施行。甲子（十一日），唐中宗即皇帝位，尊天后武则天为皇太后，政事全取决于她。太后因泽州刺史韩王李元嘉等地位崇高，怕他们有朝一日叛乱，所以就给他们加官封爵用来安稳情绪。

则天皇后光宅元年（六八四年），中宗打算让韦玄贞来做侍中，又想给乳母的儿子五品官，可裴炎不同

意，中宗生气地说：『我把天下交给韦玄贞怎么了？难道我还舍不得一个侍中的职位？』裴炎畏惧，报告太后，并密谋废立皇帝的事。二月，戊午（初六），太后召集百官于乾元殿，裴炎与中书侍郎刘祎之、羽林将军程务挺、张虔勖领兵入宫，宣布太后命令，废中宗为庐陵王，扶他下殿。中宗说：『我犯了什么罪？』太后说：『你想把天下交给韦玄贞，这还没罪吗？』于是就把他软禁在别的地方去了。

己未（初七），立雍州牧豫王李旦为帝。政事取决于太后，让皇帝睿宗居于别殿，对政事不得有所干预。把豫王妃刘氏立为皇后。

点评 弘之死，其事难明，今但云时人以为天后鸩之，疑以传疑。（胡三省）

（垂拱四年）太后潜谋革命，稍除宗室。绛州刺史韩王元嘉、青州刺史霍王元轨、邢州刺史鲁王灵夔、豫州①刺史越王贞及元嘉子通州刺史黄公撰、元轨子金州刺史江都王绪、虢王凤子申州刺史东莞公融、灵夔子范阳王蔼、贞子博州刺史琅邪王冲，在宗室中皆以才行有美名，太后尤忌之。元嘉等内不自安，密有匡复之志。

撰谬为书与贞云：『内人病浸重，当速疗之，若至今冬，恐成痼疾。』及太后召宗室朝明堂，诸王因递相惊曰：『神皇欲于大飨之际，使人告密，尽收宗室，诛之无遗。』撰诈为皇帝玺书与冲云：『朕遭幽絷，诸王宜各发兵救我。』冲又诈为皇帝玺书云：『神皇欲移李氏社稷以授武氏。』八月，壬寅，冲召长史萧德琮等令募兵，分告韩、霍、鲁、越及贝州刺史纪王慎，令各起兵共趣神都。太后闻之，以左金吾将军丘神勣为清平道行军大总管以讨之。

初，范阳王蔼遣使语贞及冲曰：『若四方诸王一时并起，事无不济。』诸王往来相约结，未定而冲先发，唯贞狼狈应之，诸王皆不敢发，故败。及贞败，太后欲悉诛韩、鲁等诸王，命监察御史蓝田苏珦按其密状。珦讯问，皆无明验，或告珦与韩、鲁通谋，太后召珦诘之，珦抗论不回。太后曰：『卿大雅之士，朕当别有任使，此狱不必卿也。』乃命珦于河西监军，更使周兴等按之，于是收韩王元嘉、鲁王灵夔、黄公撰、常乐公主于东都，迫胁皆自杀，更其姓曰『虺』，亲党皆诛。

冬，十月，己亥，戮（东莞公融）于市，籍没其家。十二月，乙酉，司徒、青州刺史霍王元轨坐与越

王连谋，废徙黔州，载以槛车，行至陈仓而死。江都王绪、殿中监郕公裴承先皆戮于市。（永昌元年）夏，四月，甲辰，杀辰州别驾汝南王炜、连州别驾鄱阳公諲等宗室十二人，徙其家于巂州。诸王之起兵也，贝州刺史纪王慎独不预谋，亦坐系狱。秋七月，丁巳，槛车徙巴州，更姓虺氏，行及蒲州而卒。八男徐州刺史东平王续等，相继被诛，家徙岭南。

注释 ①豫州：河南附近。

译文 则天皇后垂拱四年（六八八年），太后暗地里想谋取唐朝，逐渐清除皇室宗族。绛州刺史韩王李元嘉、青州刺史霍王李元轨、邢州刺史鲁王李灵夔、豫州刺史越王李贞及李元嘉的儿子通州刺史黄公李撰、李元轨的儿子金州刺史江都王李绪、虢王李凤的儿子申州刺史东莞公李融、李灵夔的儿子范阳王李蔼、李贞的儿子博州刺史琅琊王李冲，在皇族中都凭才能和操行享有美名，太后尤其忌恨他们。李元嘉等心中不安，暗中打算挽救大唐基业。

他写信和李贞说：『我妻子越来越不行了，得赶紧治疗，要是再拖延恐怕就成绝症了。』等到太后召集宗室到明堂朝见，诸王于是轮番相互警戒说：『神皇准备在接受朝见大摆宴席的时候，指使人告密，尽数逮捕皇族，全部杀光。』李元嘉假造皇帝玺印给李冲说：『朕被幽禁，诸王应该发兵救我。』李冲又伪造皇帝用玺印密封的书信说：『神皇打算将李氏的国家交给武氏。』八月，壬寅（十七日），李冲召集长史萧德琮等，让他们招募人马，同时告诉韩、霍、鲁、越各王，还有贝州刺史纪王李慎，让他们同时起兵杀向京师。太后知道这事，马上让左金吾将军丘神勣领兵应战。

当初，范阳王李蔼让使者对李贞和李冲说：『要是四方诸王一并起事，定可以成功。』于是诸王往来协商约定时间，还没有最后约定，李冲就首先发难，只有李贞匆

忙响应，其他诸王都不敢起事，所以失败。到李贞失败，太后打算全部处死韩、鲁等诸王，命令监察御史蓝田人苏珦清查他们密谋的情况。苏审讯很久也没有掌握确凿罪证。这时有人告密苏珦与韩、鲁等诸王串通，太后把他叫来责问，苏珦直言相告不改变自己观点。太后说：『你是才德高雅的读书人，朕将另有任用，这个案子不用你办理了。』就让苏珦去河西当监军，这个案子交给周兴等人审理，周兴逮捕了韩王李元嘉、鲁王李灵夔、黄公李撰、常乐公李主等，把他们押回洛阳，逼他们自杀，把他们的姓氏改为『虺』，其亲属也被处死。

冬季，十月，己亥（十四日），东莞公李融在街市被杀，抄家。十二月，乙酉（初一），司徒、青州刺史霍王李元轨因为和越王李贞通谋，被罢黜流放到黔州，用囚车押送，到陈仓时被杀。江都王李绪、殿中监郕公裴承先都被处死于街市。则天皇后永昌元年（六八九年）夏季，四月，甲辰（二十二日），处死辰州别驾汝南王李炜、连州别驾鄱阳公李諲等十二个皇族，把他们的亲属迁至边疆。诸王起兵时，只有贝州刺史纪王李慎没有参与，但也牵连入狱。秋季，七月，丁巳（初七），用囚车押去巴州，改姓虺氏，至蒲州而死。他的八个儿子相继遇害，家族被迁至岭南。

（天授元年）二月，辛酉，太后策贡士于洛城殿。贡士殿试自此始。

朝士人人自危，相见莫敢交言，道路以目。或因入朝密遭掩捕，每朝，辄与家人诀曰：『未知复相见否？』时法官竞为深酷，唯司刑丞徐有功、杜景俭独存平恕，被告者皆曰：『遇来、侯必死，遇徐、杜必生。』

八月，甲寅，杀太子少保、纳言裴居道。癸亥，杀尚书左丞张行廉。辛未，杀南安王颍等宗室十二人，又鞭杀故太子贤二子，唐之宗室于是殆尽矣，其幼弱存者亦流岭南，又诛其亲党数百家。唯千金长公主以巧媚得全，自请为太后女，仍改姓武氏。太后爱之，更号延安大长公主。

九月，丙子，侍御史汲①人傅游艺帅关中百姓九百余人诣阙上表，请改国号曰周，赐皇帝姓武氏。太后不许，擢游艺为给事中。于是百官及帝室宗戚、远近百姓、四夷酋长、沙门、道士合六万余人，俱上表如游艺所请，皇帝亦上表自请赐姓武氏。戊寅，群臣上言：有凤凰自明堂飞入上阳宫，还集左台梧桐之上，久之，飞东南去；及赤雀数万集朝堂。庚辰，太后可皇帝及群臣之请。壬午，御则天楼，赦天下，以唐为周，改元。乙酉，上尊号曰圣神皇帝，以皇帝为皇嗣，赐姓武氏；以

皇太子为皇孙。制天下武氏咸蠲课役。

二年，正月，癸酉朔，太后始受尊号于万象神宫，旗帜尚赤。甲戌，改置社稷于神都。辛巳，纳武氏神主于太庙；唐太庙之在长安者，更命曰享德庙。四时唯享高祖已下，余四室②皆闭不享。

注释 ①汲：汲县。②四室：宣帝、元帝、光帝、景帝。

译文 则天皇后天授元年（六九〇年）二月，辛酉（十四日），太后在洛城亲自举行殿试，从此，入京殿试兴起。

朝中大臣们人人自危，见了面都不敢说话，只能稍稍用眼睛表示意思。有的入朝时突然被秘密逮捕，因此每次入朝前，总与家人诀别说：『不知道是否还能再相见？』当时执法官吏严酷之极，只徐有功、杜景俭公正严明，被告发的都说：『要是遇见来俊臣和侯思止，我看这辈子也就没什么好指望的了。要是碰见徐有功和杜景俭，那就是命大啊。』

八月，甲寅（十一日），杀了太子少保、纳言裴居道。癸亥（二十日），杀尚书左丞张行廉。辛未（二十八日），杀南安王李颖等皇族十二人，用鞭子打死已故太子李贤之子二人，皇族快要被铲除殆尽，年幼者流放岭南，杀死其亲党数百家。只有千金公主靠着谄媚武后，说愿意当她闺女，才保全性命，改姓武。武后非常喜欢她，称之为延安大长公主。

九月，丙子（初三），侍御史汲县人傅游艺领关中百姓九百人来到皇宫上表，请求将国号改为周，赐皇帝姓武氏。太后没有允许；只是提升傅游艺任给事中。于是百官以及帝室的同宗亲属、远近百姓、四夷的酋长、和尚、道士共六万余人，都上表提出同傅游艺一样的请求，皇帝也上表自己请求赐姓武氏。戊寅（初五），群臣进言：有只凤凰从明堂飞到上阳宫，又停在左台梧桐树上，过了好长时间就往南飞了。还有赤雀数万只来到朝堂。庚辰（初七），太后同意皇帝及群臣的请求。壬午（初九），太后上则天门城楼，宣布大赦天下，改唐为周，更改年号。乙酉（十二日），上尊号称圣神皇帝，以皇帝为皇位继承人，赐姓武氏；以皇太子为皇孙。太后下令，天下所有姓武的都免除徭役。

天授二年（六九一年），正月，癸酉朔（初一），太后在万象神宫受尊号，旗帜尚赤色。甲戌（初二），改于神都洛阳立社稷坛。辛巳（初九），置武氏神主于太庙；唐朝在长安太庙改为享德庙。四季只祭祀高祖以下各帝，其余宣帝、元帝、光帝、景帝四室都不再祭祀。

中宗复辟

（圣历元年）皇嗣固请逊位于庐陵王，太后许之。

（九月）壬申，立庐陵王哲为皇太子，复名显。赦天下。

（神龙元年）太后疾甚，麟台监张易之、春官侍郎张昌宗居中用事，张柬之、崔玄暐与中台右丞敬晖、司刑少卿桓彦范、相王府司马袁恕己谋诛之。柬之谓右羽林卫大将军李多祚曰：『将军今日富贵，谁所致也？』多祚泣曰：『大帝也。』柬之曰：『今大帝之子为二竖所危，将军不思报大帝之德乎！』多祚曰：『苟利国家，唯相公处分，不敢顾身及妻子。』因指天地以自誓。遂与定谋。

（正月）癸卯，柬之、玄暐、彦范与左威卫将军薛思行等帅左右羽林兵五百人至玄武门，遣多祚、湛及内直郎、驸马都尉安阳王同皎诣东宫迎太子。太子疑，不出，同皎曰：『先帝以神器付殿下，横遭幽废，人神同愤，二十三年矣。今天诱其衷，北门、南牙，同心协力，以诛凶竖，复李氏社稷，愿殿下暂至玄武门以副众望。』太子曰：『凶竖诚当夷灭，然上体不安，得无惊怛！诸公更为后图。』李湛曰：『诸将相不顾家族以徇社稷，殿下奈何欲纳之鼎镬乎！请殿下自出止之。』太子乃出。

同皎扶抱太子上马，从至玄武门，斩关而入。太后在迎仙宫，柬之等斩易之、昌宗于庑下，进至太后所寝长生殿，环绕侍卫。太后惊起，问曰：『乱者谁邪？』对曰：『张易之、昌宗谋反，臣等奉太子令诛之，恐有漏泄，故不敢以闻。称兵宫禁，罪当万死！』太后见太子曰：『乃汝邪？小子既诛，可还东宫。』彦范进曰：『太子安得更归！昔天皇以爱子托陛下，今年齿已长，久居东宫，天意人心，久思李氏。群臣不忘太宗、天皇之德，故奉太子诛贼臣。愿陛下传位太子，以顺天人之望！』李湛，义府之子也。太后见之，谓曰：『汝亦为诛易之将军邪？我于汝父子不薄，乃有今日！』湛惭不能对。又谓崔玄暐曰：『他人皆因人以进，唯卿朕所自擢，亦在此邪？』对曰：『此乃所以报陛下之大德。』

译文 则天皇后圣历元年（六九八年），皇嗣想让位给庐陵王，太后同意了。九月壬申（十五日），立庐陵王李哲为皇太子，恢复原名李显，大赦。

唐中宗神龙元年（七〇五年），武则天病重，麟台

监张易之和春官侍郎张昌宗在宫里执政，张柬之、崔玄暐和中台右丞敬晖、司刑少卿桓彦范还有相王府司马袁恕己早就谋划要杀张易之和张昌宗。张柬之问右羽林卫大将军李多祚：『将军今天的荣华富贵是谁给的？』李多祚哭着说：『是高宗皇帝给的。』张柬之说：『现在大帝的儿子受到张易之和张昌宗这两个小子的威胁，难道将军不想报答大帝的恩德吗！』李多祚回答说：『只要对国家有利，我一切都听相公安排，不敢顾及自身以及妻儿的安危。』于是对天发誓要和张柬之、崔玄暐一起铲除张易之和张昌宗。

正月癸卯（二十二日），张柬之、崔玄暐、桓彦范和左威卫将军薛思行带着五百人来到玄武门，让李多祚、李湛还有内直郎、驸马都尉安阳人王同皎去东宫迎太子李显。太子有所怀疑，没有出来，王同皎说：『先帝把皇位传给殿下，殿下无故遭到幽禁废黜，皇天后土、士民百姓无不义愤填膺，已经有二十三年了。现在上天诱导人心，北门的羽林诸将与南牙朝臣得以同心协力，立志诛灭凶恶的小人，恢复李氏的江山社稷，希望殿下暂时到玄武门去以满足大家的期望。』太子便说：『小人是应当被除，可是现在皇上身体不好，你们这样不是惊动她老人家吗？以后再说吧。』李湛说：『诸位将帅宰相为了国家不顾身家性命，殿下为什么非要让他们面临鼎镬的酷刑呢！请殿下亲自去制止他们好了。』太子这才出来。

王同皎将太子抱到马上，并陪同太子来到玄武门，斩断门栓进入宫中。此时武则天在迎仙宫，张柬之等人在迎仙宫的走廊里将张易之和张昌宗斩首，然后进至武则天居住的长生殿，在她周围环绕侍卫。武则天吃惊地坐起来，问道：『是谁作乱？』张柬之说：『张易之、张昌宗企图造反，我等已经奉太子之命杀了他俩，因为担心走漏消息，所以没有告诉您。我们在皇宫禁地诛贼，惊动皇上，罪该万死。』武则天看见太子李显也在人群之中，便对他说：『这件事是你让干的吗？这两个小子已经被诛杀了，你可以回到东宫里去了。』桓彦范上前说：『太子哪能还回到东宫里去呢？当初天皇把心爱的太子托付给陛下，现在他年纪已大，却一直在东宫当太子，天意民心，早已思念李家。群臣不敢忘怀太宗、天皇的恩德，所以尊奉太子诛灭犯上作乱的逆臣。希望陛下将帝位传给太子，以顺从上天与下民的心愿！』李湛是李义府的儿子，武则天看到他，对他说：『你也杀了张易之吗？我平时待你父子不薄，想不到有今天的变故。』李湛满面羞惭，无法回答。武则天又对崔玄暐说：『别的人都是经他人推荐之后提拔的，只有你是朕亲手提拔的，你怎么也在这里呢？』崔玄暐说：『我这样是为了报答陛下的大恩大德。』

（正月）甲辰，制太子监国，赦天下。以袁恕己为凤阁侍郎、同平章事，分遣十使赍玺书宣慰诸州。乙巳，太后传位于太子。丙午，中宗即位。赦天下，唯张易之之党不原。其为周兴等所枉者，咸令清雪，子女配没者皆免之。相王加号安国相王，拜太尉、同凤阁鸾台三品，太平公主加号镇国太平公主。皇族先配没者，子孙皆复属籍，仍量叙官爵。丁未，太后徙居上阳宫，李湛留宿卫。戊申，帝帅百官诣上阳宫，上太后尊号曰则天大圣皇帝。

（二月）甲寅，复国号曰唐。郊庙、社稷、陵寝、百官、旗帜、服色、文字皆如永淳以前故事。复以神都为东都，北都为并州，老君①为玄元皇帝。（十一月）壬寅，则天崩于上阳宫，年八十二。遗制：『去帝号，称则天大圣皇后。王、萧二族及褚遂良、韩瑗、柳奭亲属皆赦之。』

注释 ①老君：老子。

译文 正月甲辰（二十三日），武则天下诏，令太子李显代理国事，大赦。任袁恕己为凤阁侍郎、同平章事，派十名使者带着印玺之书前往各地安抚。乙巳（二十四日），武则天将帝位传给太子李显。丙午（二十五日），唐中宗李显即皇帝位。中宗下诏大赦天下，只有张易之的党羽们不在赦免之列。那些被周兴等人冤枉的人，都让进行清理和昭雪，他们的子女中如有被发配流放或者被没入官府作奴婢的，都予以赦免。唐中宗加封相王李旦为安国相王，命他为太尉、同凤阁鸾台三品；加封太平公主为镇国太平公主。此外，皇族先前被发配或没入官府为奴的，他们的子孙都恢复皇族身分，并且根据具体情况封授官爵。丁未（二十六日），武则天搬到上阳宫居住，李湛留下负责警卫。戊申（二十七日），唐中宗带领文武百官来到上阳宫，将武则天封为则天大圣皇帝。

二月甲寅（初四），唐中宗诏令恢复大唐国号，并将郊庙、社稷、陵寝、百官、旗帜、服色、文字等恢复旧制，神都复名东都，北都复名并州，仍把老君叫玄元皇帝。十一月壬寅（二十六日），武则天在上阳宫驾崩，终年八十二岁。临死前武则天下令：『去掉皇帝称号，称则天大圣皇后。高宗后妃王、萧二族及褚遂良、韩瑗、柳奭的亲属全部赦免。』

安史乱始

（开元二十四年）张守珪使平卢讨击使、左骁卫将军安禄山讨奚、契丹叛者，禄山恃勇轻进，为虏所败。夏，四月，辛亥，守珪奏请斩之。禄山临刑呼曰：『大夫不欲灭奚、契丹邪，奈何杀禄山！』守珪亦惜其骁勇，乃更执送京师。张九龄批曰：『昔穰苴诛庄贾①，孙武斩宫嫔②，守珪军令若行，禄山不宜免死。』上惜其才，敕令免官，以白衣将领。九龄固争曰：『禄山失律丧师，于法不可不诛。且臣观其貌有反相，不杀必为后患。』上曰：『卿勿以王夷甫识石勒，枉害忠良。』竟赦之。

安禄山者，本营州杂胡，初名阿荦山。其母，巫也；父死，母携之再适突厥安延偃。会其部落破散，与延偃兄子思顺俱逃来，故冒姓安氏，名禄山。又有史窣干者，与禄山同里闬，先后一日生。及长，相亲爱，皆为互市牙郎，以骁勇闻。张守珪以禄山为捉生将，禄山每与数骑出，辄擒契丹数十人而返。狡猾，善揣人情，守珪爱之，养以为子。

窣干尝负官债亡入奚中，为奚游弈所得，欲杀之；窣干绐曰：『我，唐之和亲使也，汝杀我，祸且及汝国。』游弈信之，送诣牙帐。窣干见奚王，长揖不拜，奚王虽怒，而畏唐，不敢杀，以客礼馆之，使百人随窣干入朝。窣干谓奚王曰：『王遣人虽多，观其才皆不足以见天子。闻王有良将琐高者，何不使之入朝！』奚王即命琐高与牙下三百人随干入朝。干将至平卢，先使人谓军使裴休子曰：『奚使琐高与精锐俱来，声云入朝，实欲袭军城，宜谨为之备，先事图之。』休子乃具军容出迎，至馆，悉坑杀其从兵，执琐高送幽州。张守珪以窣干为有功，奏为果毅，累迁将军。后入奏事，上与语，悦之，赐名思明。

注释 ①穰苴诛庄贾：指穰苴当年诛杀庄贾这件事。②孙武斩宫嫔：指孙武当年斩了宫女一事。

译文 唐玄宗开元二十四年（七三六年），幽州节度使张守珪派平卢讨击使、左骁卫将军安禄山讨伐叛贼奚族与契丹，安禄山自以为勇，结果吃了败仗。夏季，四月，辛亥（初二），张守珪上奏请求杀安禄山。安禄山临刑前大骂：『张大夫你还想不想消灭契丹了？你为什么要杀我！』张守珪也觉得安禄山骁勇，便将其送往京师。张九龄在奏文中道：『春秋时齐国大将穰苴杀监军庄贾，吴国孙武杀不听命之宫女。若张守珪已下军令，安禄山不该免死。』玄宗因爱惜安禄山之才，敕免去其官，成无官职将领。张九龄坚持说：『安禄山违反军令致使败兵，按照军法不可不杀，且我观其面有反相，不杀必为后患。』玄宗说：『你可别像王夷甫看石勒那样误会了安禄山。』最后把安禄山赦免了。

安禄山原本是个胡人，以前叫阿荦山。他妈是女巫，父亲死了，他妈就带着他嫁给了突厥安延偃。当时突厥正好败了，他就和安延偃哥哥的儿子安思顺逃到了幽州，名改姓安。还有一个名叫史窣干的胡人，与安禄山原是街坊，两人生日相差一天。后来成为朋友，都做互市牙郎，以勇闻名。张守珪任安禄山捉生将，每次领数名骑兵出去，都能擒获数十名契丹人回。又加安禄山狡猾，善揣人意，故受张守珪喜爱，收其为养子。

史窣干曾因欠官债，逃入奚族，被奚族抓获，要杀之，史窣干骗曰：『我乃唐朝和亲使，若杀我，汝国定遭殃。』巡逻的士兵就相信了，马上送到奚王牙帐。史窣干见了奚王也不下跪，奚王虽然生气，但因为害怕唐朝，也不敢拿他怎么样。当作宾客，住到馆舍里，又让一百人随史窣干入朝。史窣干对奚王说：『大王你虽派人入朝，但以其才能都不可见天子。闻大王有良将名琐高，为何不让他入朝！』于是奚王命琐高与部下三百人随史窣干入朝。到平卢时，史窣干对军使裴休子说：『奚王派琐高领兵前来，言入朝，实则袭击军城，应早做防备，先下手为强。』于是裴休子整好军队出迎，到馆舍，将随从奚兵全部活埋，抓琐高送往幽州。张守珪觉得史窣干立了大功，于是就上奏提拔他当后将军。后来史窣干入朝，玄宗和他聊天，也对他很欣赏，就为他赐名为思明。

点评 禄山失律丧师，罪本当死，即使其无反相，亦不可赦，况骁雄黠狡之人，必有一段过人之材，足以竦动人主，而其奸猾叵测之情状，亦必有不可掩者，九龄之断，固有所试矣。玄宗不能行法，反从而崇养之，宜其及于祸也。（张居正）

平卢兵马使安禄山，倾巧，善事人，人多誉之。上左右至平卢者，禄山皆厚赂之，由是上益以为贤。御史中丞张利贞为河北采访使，至平卢，禄山曲事利贞，乃至左右皆有赂。利贞入奏，盛称禄山之美。（开元二十九年）八月，乙未，以禄山为营州都督，充平卢军使，两蕃、勃海、黑水四府经略使。（天宝元年正月）壬子，分平卢别为节度，以安禄山为节度使。是时，天下声教所被之州三百三十一，

羁縻之州八百，置十节度、经略使以备边。凡镇兵四十九万人，马八万余匹。开元之前，每岁供边兵衣粮，费不过二百万；天宝之后，边将奏益兵浸多，每岁用衣千二十万匹，粮百九十万斛，公私劳费，民始困苦矣。

（天宝）二年，春，正月，安禄山入朝，上宠待甚厚，谒见无时。（天宝三载）三月，己巳，以平卢节度使安禄山兼范阳节度使，以范阳节度使裴宽为户部尚书。礼部尚书席建侯为河北黜陟使，称禄山公直；李林甫、裴宽皆顺旨称其美。三人皆上所信任，由是禄山之宠益固不摇矣。

禄山体充肥，腹垂过膝，尝自称腹重三百斤。外若痴直，内实狡黠。常令其将刘骆谷留京师诇①朝廷指趣，动静皆报之；或应有笺表者，骆谷即为代作通之。岁献俘虏、杂畜、奇禽、异兽、珍玩之物，不绝于路，郡县疲于递运。

禄山在上前，应对敏给，杂以诙谐。上尝戏指其腹曰：『此胡腹中何所有？其大乃尔！』对曰：『更无余物，正有赤心耳！』上悦。又尝命见太子，禄山不拜。左右趣之拜，禄山拱立曰：『臣胡人，不习朝仪，不知太子者何官？』上曰：『此储君也，朕千秋万岁后，代朕君汝者也。』禄山曰：『臣愚，向者唯知有陛下一人，不知乃更有储君。』不得已，然后拜。上以为信然，益爱之。上尝宴勤政楼，百官列坐楼下，独为禄山于御座东间设金鸡障②，置榻使坐其前，仍命卷帘以示荣宠。命杨銛、杨锜、贵妃三姊皆与禄山叙兄弟。禄山得出入禁中，因请为贵妃儿。上与贵妃共坐，禄山先拜贵妃。上问何故，对曰：『胡人先母而后父。』上悦。

自唐兴以来，边帅皆用忠厚名臣，不久任，不遥领，不兼统，功名著者往往入为宰相。李林甫欲杜边帅入相之路，以胡人不知书，乃奏言：『文臣为将，怯当矢石，不若用寒畯③胡人；胡人则勇决习战，寒族则孤立无党，陛下诚以恩洽其心，彼必能为朝廷尽死。』上悦其言，始用安禄山。至是，诸道节度尽用胡人，精兵咸戍北边，天下之势偏重，卒使禄山倾覆天下，皆出于林甫专宠固位之谋也。

注释 ①诇：伺候。②金鸡障：屏障。③寒：卑贱。畯：农耕者。

译文 平卢兵马使安禄山是个机灵鬼，善于钻空子讨好别人，所以谁都夸他。玄宗亲信至平卢，安禄山以重金收买，更让玄宗认其为贤士。御史中丞张利贞为河北采访使，来到平卢，安禄山对他随声附和，并且贿赂他的左右。利贞入朝上奏，尽力说安禄山好话。开元二十九年（七四一年）八月，乙未（十七日），玄宗让安禄山做营州都督，兼平卢军使，两蕃、勃海、黑水四府经略使。

唐玄宗天宝元年（七四二年）正月壬子（初六），平卢另为节度镇，任安禄山为节度使。此时，唐王朝统辖州有三百三十一个，羁縻州八百个，设立十个节度使、经略使守卫边疆。边镇共兵四十九万，战马八万余。开元前，朝廷每年给边疆的费用不过两百万，后来到了天宝，边疆连年增兵，每年需要布帛一千二十万匹，粮一百九十万斛，无论官府还是百姓都叫苦连天。

天宝二年（七四三年），春季，正月，安禄山入朝。玄宗对他很看重并且宠幸，天天都与他相见。天宝三载（七四四年）三月，己巳（初五），任平卢节度使安禄山兼范阳节度使，任命范阳节度使裴宽为户部尚书。河北黜陟使礼部尚书席建侯曾经赞扬安禄山公正无私；李林甫和裴宽也跟着皇上的心思称赞安禄山，这三个人皇上特别看重，所以安禄山的地位越发不可动摇。

安禄山是个大胖子，肚子尤其大，曾经自称肚子有三百斤重。外表看似忠厚，实则内心险恶，常令部将刘骆谷留于京师刺探动向，有情况立即向其禀告；如果有事向皇上奏表，刘骆谷就替其代笔。安禄山一年向朝廷进献的俘虏、珍玩、飞禽走兽数不胜数，沿途郡县都因运送这些东西觉得疲惫。

安禄山在玄宗面前反应特别快，总是谈吐幽默逗玄宗开心，玄宗有一次指着安禄山的肚子说：『你这里装了些什么？竟然这么大。』安禄山说：『什么也没有，就只有一片忠心。』玄宗听后特别高兴。又让安禄山去见太子，安禄山见后不拜。左右人催促下拜，安禄山说：『我乃胡人，不知朝中礼仪，不知太子乃何官？』玄宗说：『太子就是以后的皇上，等朕死了，他就是你主子。』安禄山说：『我愚蠢，过去只知有陛下一人，不知还有太子。』不得已，安禄山拜见太子。玄宗相信安禄山这些话，所以对他更加宠爱。玄宗曾在勤政楼设宴，百官坐于楼下，独为安禄山设置金鸡障，设床榻，让安禄山坐在前面，并命令卷起珠帘以示恩宠。又命杨銛、杨锜、贵妃等与安禄山叙兄弟之情。安禄山入宫中，便趁机奏请做杨贵妃儿子。玄宗跟贵妃坐在一起，安禄山先拜贵妃。玄宗问他为什么如此，安禄山说：『我们胡人习惯是先拜

母后拜父。』玄宗听了以后特别高兴。

自从唐朝建立以来，戍守边关的将领都是忠厚的名臣，任职时间也不长，不能只是挂名而不亲自前去，不能一个人身兼数名，功名显著的可以入朝为相。李林甫欲杜绝边将入朝为相这条路，因为胡人没文化，就奏说：『文臣为将帅，怯懦不敢战，不如用出身低贱之胡人。胡人好战，出身低贱孤立无党，陛下若能施恩惠以笼络他们，其定能为朝廷尽力。』玄宗觉得李林甫有道理，就重用安禄山。这时候，各镇的节度使全是用胡人，精兵强将都在驻守北方边境，整个国家呈现出外强中干的局面。所以，最后安禄山造反，差点推翻了唐王朝。这都是因为李林甫追求权位所致。

点评 设立官吏，划分职责，各有自己的责任。行政制度有常规就易管理，事情归于根本就难有过错，从经邦治国的长远利益考虑，除此以外，还有什么可以依据的呢！自从奸臣虚夸财利以求恩宠，皇帝也多立使职以示宠爱，刻剥平民百姓厚敛聚财，广张虚数以奉献于上。从此皇帝心志放荡而生活更加奢侈，人民心怀怨恨而成祸患。以致皇帝与各级官吏尸位素餐，享受厚禄而不负其责，至杨国忠而终成祸乱。（苏冕）

（天宝九载）五月，乙卯，赐安禄山爵东平郡王。唐将帅封王自此始。

上命有司为安禄山治第于亲仁坊，敕令但穷壮丽，不限财力。既成，具幄帟器皿，充牣其中，有帖白檀床二，皆长丈，阔六尺；银平脱屏风，帐方丈六尺；于厨厩之物皆饰以金银，金饭罂[1]二，银淘盆二，皆受五斗，织银丝筐及笊篱各一。他物称是。虽禁中服御之物，殆不及也。上每令中使为禄山护役，筑第及造储偫赐物，常戒之曰：『胡眼大，勿令笑我。』禄山入新第，置酒，乞降墨敕请宰相至第。是日，上欲于楼下击球，遽为罢戏，命宰相赴之。日遣诸杨与之选胜游宴，侑以梨园教坊乐。上每食一物稍美，或后苑校猎获鲜禽，辄遣中使走马赐之，络绎于路。

（天宝十载正月）甲辰，禄山生日，上及贵妃赐衣服、宝器、酒馔甚厚。后三日，召禄山入禁中，贵妃以锦绣为大襁褓，裹禄山，使宫人以彩舆舁之。上闻后宫欢笑，问其故，左右以贵妃三日洗禄儿对。上自往观之，喜，赐贵妃洗儿金银钱，复厚赐禄山，尽欢而罢。自是禄山出入宫掖不禁，或与贵妃对食，或通宵不出，颇有丑声闻于外，上亦不疑也。

安禄山求兼河东节度。二月，丙辰，以河东节度使韩休琨为左羽林将军，以禄山代之。禄山既兼领三镇，赏刑己出，日益骄恣，自以曩时不拜太子，见上春秋高，颇内惧，又见武备堕弛，有轻中国之心。孔目官[2]严庄、掌书记高尚因为之解图谶，劝之作乱。禄山养同罗、奚、契丹降者八千余人，谓之『曳落河』。曳河者，胡言壮士也。及家僮百余人，皆骁勇善战，一可当百。又畜战马数万匹，多聚兵仗，分遣商胡诣诸道贩鬻，岁输珍货数百万。私作绯紫袍、鱼袋，以百万计。

注释 ①罂：缶。②孔目官：衙前吏职。

译文 唐玄宗天宝九载（七五〇年）五月，乙卯（二十八日），赐安禄山为东平郡王。唐朝为将帅封王自此开始。

玄宗让官吏们亲自为安禄山盖府宅，不论花销如何巨大，越壮丽越好。宅第建成，又饰以幄帐，置日用器物，摆满宅府。其中有帖白檀香木床两个，长一丈，宽六尺；以银平脱工艺制成屏风，长宽一丈六尺；厨房及马厩中所用之物均为金银，其中金饭罂二，银淘盆二，可装五斗粮，还有织银丝筐和笊篱各一个。其他器物还有许多。即使宫里皇上用的东西都比不上这些。盖房子时，玄宗总跟监工说：『好好盖，可别让眼高的胡人笑话了咱们。』安禄山住进新宅，设置酒宴，并请玄宗下敕书，让宰相到宅第赴宴。这一天，玄宗原准备于楼下击球，立刻取消游戏，令宰相赴会。让杨家人每天与安禄山择风景优美之地游玩，令梨园弟子与教坊乐队陪伴。玄宗每次吃到新鲜食物，都拿去给安禄山尝尝，到后来，路上做这件事的车马不绝于流。

天宝十载（七五一年）正月甲辰（二十日），安禄山过生日，玄宗和贵妃赐给他好多衣服与珠宝，还有酒宴。三天后，又把安禄山召入宫中，杨贵妃用锦绣做成的大襁褓裹住安禄山，让宫女用彩轿抬起。唐玄宗听见后宫一片欢乐，就过去凑凑热闹，一问原来是贵妃把安禄山当成婴儿给他做洗身仪式。玄宗亲自观看，非常高兴，赐贵妃洗儿金银钱，重赏安禄山，尽兴而散。这以后安禄山就可以在宫中随意走动，有时还和杨贵妃同桌共餐，一宿一宿不出来，外面许多人都说闲话，可是唐玄宗却不以为然。

安禄山请兼任河东节度使。二月，丙辰（初二），唐玄宗让河东节度使韩休珉做了左羽林将军，让安禄山代理河东节度使。安禄山一身兼任范阳、平卢、河东三镇节度使，手握大权，赏罚由己，日益骄横。他总琢磨过去没向太子下拜的事，而现在玄宗又快老死了，所以

心里总嘀咕。又见唐武备松弛，有轻视朝廷之心。孔目官严庄与掌书记高尚借机为他解释预卜吉凶祸福图谶，劝他起兵反叛。安禄山豢养投降的同罗、奚与契丹士兵八千人，称为『曳落河』。『曳落河』，胡语为壮士意。还有家奴一百人，个个都是能以一敌百的勇士。养了上万匹战马，聚集大量武器，还派胡人全国各地做生意，收敛钱财。秘密制作紫色袍子，金鱼袋等等，好几百万。

点评 唐明皇即位之初，励精图治，自厉节俭，可到晚年仍然由于奢侈导致国家败落；奢靡之风对于人的腐蚀实在是太严重了！《诗经》上说：『靡不有初，鲜克有终。』对此怎么可不慎之又慎呢！（司马光）

观明皇所以待禄山者，昏庸之主所不为，殆天夺之魄也。（胡三省）

（天宝）十三载，春，正月，己亥，安禄山入朝。是时杨国忠言禄山必反，且曰：『陛下试召之，必不来。』上使召之，禄山闻命即至。庚子，见上于华清宫，泣曰：『臣本胡人，陛下宠擢至此，为国忠所疾，臣死无日矣！』上怜之，赏赐巨万，由是益亲信禄山，国忠之言不能入矣。太子亦知禄山必反，言于上，上不听。（二月）己丑，安禄山奏：『臣所部将士讨奚、契丹、九姓、同罗等，勋效甚多，乞不拘常格，超资加赏，仍好写告身付臣军授之。』于是除将军者五百余人，中郎将者二千余人。禄山欲反，故先以此收众心也。三月，丁酉朔，禄山辞归范阳。上解御衣以赐之，禄山受之惊喜。恐杨国忠奏留之，疾驱出关。乘船沿河而下，令船夫执绳板立于岸侧，十五里一更，昼夜兼行，日数百里，过郡县不下船。自是有言禄山反者，上皆缚送，由是人皆知其将反，无敢言者。

安禄山归至范阳，朝廷每遣使者至，皆称疾不出迎，盛陈武备，然后见之。裴士淹至范阳，二十余日乃得见，无复人臣礼。杨国忠日夜求禄山反状，使京兆尹围其第，捕禄山客李超等，送御史台狱，潜杀之。禄山子庆宗尚宗女荣义郡主，供奉在京师，密报禄山，禄山愈惧。（天宝十四载）六月，上以其子成婚，手诏禄山观礼，禄山辞疾不至。秋，七月，禄山表献马三千匹，每匹执控夫二人，遣蕃将二十二人部送。河南尹达奚珣疑有变，奏请『谕禄山以进车马宜俟至冬，官自给夫，无烦本军』。于是上稍寤，始有疑禄山之意。

资治通鉴

安禄山专制三道，阴蓄异志，殆将十年，以上待之厚，欲俟上晏驾然后作乱。会杨国忠与禄山不相悦，屡言禄山且反，上不听；国忠数以事激之，欲其速反以取信于上。禄山由是决意遽反。会有奏事官自京师还，禄山诈为敕书，悉召诸将示之曰：『有密旨，令禄山将兵入朝讨杨国忠，诸君宜即从军。』众愕然相顾，莫敢异言。十一月，甲子，禄山发所部兵及同罗、奚、契丹、室韦凡十五万众，号二十万，反于范阳。时海内久承平，百姓累世不识兵革，猝闻范阳兵起，远近震骇。河北皆禄山统内，所过州县，望风瓦解，守令或开门出迎，或弃城窜匿，或为所擒戮，无敢拒之者。

庚午，上闻禄山定反，乃召宰相谋之。杨国忠扬扬有得色，曰：『今反者独禄山耳，将士皆不欲也。不过旬日，必传首诣行在。』上以为然，大臣相顾失色。上遣特进毕思琛诣东京，金吾将军程千里诣河东，各简募数万人，随便团结以拒之。辛未，安西节度使封常清入朝，上问以讨贼方略，常清大言曰：『今太平积久，故人望风惮贼。然事有逆顺，势有奇变，臣请走马诣东京，开府库，募骁勇，挑马棰渡河，计日取逆胡之首献阙下！』上悦。壬申，以常清为范阳、平卢节度使。常清即日乘驿诣东京募兵，旬日，得六万人；乃断河阳桥，为守御之备。

译文 唐玄宗天宝十三载（七五四年），春季，正月，己亥（初三），安禄山进朝。杨国忠对玄宗说，安禄山有朝一日必反，还说：『陛下要是把他召来，他肯定不来。』于是玄宗派人召安禄山，安禄山接命后即来朝。庚子（初四），安禄山于华清宫拜玄宗，哭诉道：『我本一胡人，受陛下信任才有今天，但不为杨国忠所容，恐怕难以活命！』玄宗听后怜爱，加以赏赐，从此信任安禄山，杨国忠的话一点也听不进去。太子李亨也知安禄山必反，劝谏玄宗，玄宗不听。二月己丑（二十三日），安禄山奏道：『我领兵讨伐奚、契丹、九姓胡、同罗这些国家屡立战功，希望陛下能打破常规越级授予我些官职，我好拿他们去慰劳军中将士。』因此安禄山部将被任命为将军者五百多人，中郎将二千多人。安禄山准备叛乱，借此收买人心。三月，丁酉朔（初一），安禄山向玄宗告辞，回范阳。玄宗脱下衣服赐给他，安禄山大喜。安禄山担心杨国忠向玄宗上奏将自己留在朝中，因此急忙出关。顺着黄河下去，让船夫站在岸边，拉着船走十五里换一个人。经过郡县都不敢下船，从这以后，凡是说安禄山谋反的人，玄宗就把他们绑起来送

给安禄山，后来就没人再敢说了。

安禄山到了范阳，遇上朝廷使者来了他就说自己病了，要不就得带好护卫才去。裴士淹来范阳后二十多天才见安禄山，安禄山一点臣下礼节都不讲。杨国忠日夜搜集安禄山罪据，派京兆尹包围安禄山在京城住宅，逮捕安禄山门客李超等，送到御史台狱中，秘密杀死他们。安禄山儿子安庆宗娶了皇室女荣义郡主为妻，在京师当太仆卿，他把这事偷偷告诉了安禄山，安禄山心里害怕。天宝十四载（七五五年）六月，玄宗以安庆宗成婚为由，诏令安禄山来京参加婚礼，安禄山称病不来。秋季，七月，安禄山上表请求献予朝廷三千马匹，每匹马配马夫二人，并派蕃人将领二十二人护送。河南尹达奚珣担心这里有假，就说：『告诉安禄山冬天再来，朝廷有马夫，用不着他劳烦军士。』玄宗这会儿也有所醒悟，心想安禄山可能是有反心。

安禄山一身兼范阳、平卢、河东三道节度使，因为玄宗对他好，所以他阴谋作乱十年也没敢起兵，想等玄宗死了再说。这时杨国忠由于与安禄山不和，多次上书言他要反，玄宗不信。杨国忠多次以事激怒安禄山，想让其立刻反叛以取信玄宗。安禄山于是决意反叛。正好这时有个进朝奏事情的官员回来，安禄山于是假

造敕书，对手下说：『皇上有密诏让我进京讨伐贼臣杨国忠，你们都得听我指挥！』众将听后惊讶，面面相觑不敢反对。十一月，甲子（初九），安禄山领统辖三镇军队及同罗、奚、契丹、室韦兵共十五万人，号称二十万，在范阳起兵。此时唐朝国内长治久安，老百姓几代没有经历过战争，突然得知范阳兵起，远近惊骇。河北境内都归安禄山，所以叛军过境时没有人敢守城，全部投降，有些人逃命，有些人被俘虏之后杀了。

庚午（十五日），玄宗听说安禄山反了，马上招来群臣商量这事。杨国忠得意道：『如今反叛者仅安禄山一人，其手下不想谋反。不出十日，定能将其头颅割下送来。』玄宗相信了，大臣们都吓得脸色发绿。玄宗派特进毕思琛去东京，金吾将军程千里去河东募兵。辛未（十六日），安西节度使封常清入朝，玄宗向他询问平叛之计，常清夸口道：『如今天下太平久矣，人人见叛军皆胆怯。但事有逆顺，形势会突变，我请求马上到东京，打开府库，招募勇士，然后跃马挥师渡过黄河，用不了几天就可将叛贼首级取下献予陛下。』玄宗大喜。壬申（十七日），任命封常清为范阳、平卢节度使。这天，封常清马上到东京募兵，短短十天招来兵士六万。然后拆毁河阳桥抵御叛军。

点评 原其所以至此，非禄山能乱唐，乃唐自乱耳。盖玄宗末年，溺于声色，用度奢侈，信任小人，专意聚敛，剥民膏血，天下人心久失，法令不行，武备废弛。而禄山本胡雏异类，乃引为腹心，宠任太过，养成骄悍；又使之专制三道，委以重兵，听选蕃夷以代汉将，是启其异志，而资其横行也。虽欲不乱，其可得乎！

（张居正）

马嵬之变

（至德元载六月）辛卯，乾祐进攻潼关，克之。

是日，翰麾下来告急，上不时召见，但遣李福德等将监牧兵赴潼关。及暮，平安火①不至，上始惧。壬辰，召宰相谋之。杨国忠自以身领剑南，闻安禄山反，即令副使崔圆阴具储偫，以备有急投之，至是首唱幸蜀之策。上然之。癸巳，国忠集百官于朝堂，惶懅流涕②；问以策略，皆唯唯不对。仗下③，士民惊扰奔走，不知所之，市里萧条。

甲午，百官朝者什无一二。既夕，命龙武大将军陈玄礼整比六军，厚赐钱帛，选闲厩马九百余匹，外人皆莫之知。乙未，黎明，上独与贵妃姊妹、皇子、妃、主、皇孙、杨国忠、韦见素、魏方进、陈玄礼及亲近宦官、宫人出延秋门，妃、主、皇孙之在外者，皆委之而去。上过左藏，杨国忠请焚之，曰：『无为贼守。』上愀然曰：『贼来不得，必更敛于百姓，不如与之，无重困吾赤子。』是日，百官犹有入朝者，至宫门，犹闻漏声，三卫立仗俨然。门既启，则宫人乱出，中外扰攘，不知上所之。于是王公、士民四出逃窜，山谷细民争入宫禁及王公第舍，盗取金宝，或乘驴上殿。又焚左藏大盈库。崔光远、边令诚帅人救火，又募人摄府、县官分守之，杀十余人，乃稍定。光远遣其子东见禄山，令诚亦以管钥献之。

上过便桥，杨国忠使人焚桥。上曰：『士庶各避贼求生，奈何绝其路！』留内侍监高力士，使扑灭乃来。上遣宦者王洛卿前行，告谕郡县置顿。食时，至咸阳望贤宫，洛卿与县令俱逃，中使征召，吏民莫有应者。日向中，上犹未食，杨国忠自市胡饼④以献。于是民争献粝饭⑤，杂以麦豆，皇孙辈争以手掬食之，须臾而尽，犹未能饱。众皆哭，上亦掩泣。俄而尚食⑥举御膳而至，上命先赐从官，然后食之。令军士散诣村落求食，期未时皆集而行。夜将半，乃至金城⑦。县令亦逃，县民皆脱身走，饮食器皿具在，士卒得以自给。时从者多逃，内侍监袁思艺亦亡去。驿中无灯，人相枕藉而寝，贵贱无以复辨。

注释 ①平安火：唐朝藩镇每三十里置一堠，每天初夜都放出烽火表示平安无事，叫作『平安火』。②惶懅流涕：仓皇流泪。③仗下：皇帝上朝完毕，所列仪仗队兵卫退下。④胡饼：一种食物，由胡人发明传入的一种饼。⑤粝饭：粗糙的饭食。⑥尚食：主管皇帝御膳的官员。尚，主管。⑦金城：地名，金城县，隶属当时京兆。

译文 唐朝肃宗至德元载六月辛卯日（即公元七五六年农历六月初九），崔乾祐领兵攻打潼关，取胜。

这天，潼关守将哥舒翰派遣部下前往朝廷报急。唐玄宗没有接见，只是派遣李福德等人带领一队监牧兵前往救援潼关。等到夜幕降临，唐玄宗没等到平安火才开始害怕起来。壬辰（农历六月初十），玄宗将宰相召来商议对策。杨国忠因自己兼任剑南节度使，安禄山叛后，便命节度副使崔圆秘密筹备物资，以防危急时到剑南使用，所以这时提出前往蜀中避难。玄宗赞同其意见。癸巳（农历六月十一日），杨国忠在朝堂召集百官询问良策，他急得流泪痛哭。官员们都不做声。朝见完毕后仪仗卫兵退下，长安的百姓们仓皇奔走，但不知道往哪里逃。街市里一片萧条的景象。这时长安百姓惊惶逃命，却不知逃向何处，店铺闭门，市井萧条。

甲午日（农历六月十二日），上朝的官员不到平时的十分之一二。夜幕来临后，玄宗命龙武大将军陈玄礼整合六军，用金银布帛厚厚地赏赐了将士们，接着从马厩里挑选九百多匹良马，外人全都不知道这些事。乙未（十三日），天刚发亮，玄宗只与杨贵妃姊妹、皇子、皇妃、公主、皇孙、杨国忠、韦见素、魏方进、陈玄礼及心腹宦官、宫人从延秋门出发，在宫外的皇妃、公主及皇孙都弃而不顾，只管自己逃难。唐玄宗逃跑经过左藏库的时候，杨国忠恳请皇帝烧掉它，还说：『切勿将钱财留给叛军。』唐玄宗沮丧不悦，说：『叛军来了得不到这些钱财之后，一定会更加暴虐地对待百姓。不如给他们，不要让我的百姓们受苦。』这一天，百官还有入朝的，到了宫门口，还能听到漏壶滴水的声音，仪仗队的卫士们依然整齐地站在那里，待宫门打开后，则看见宫人乱哄哄地往外跑，宫里宫外一片混乱，都不知道皇上去了哪里。于是王公贵族、平民百姓四出逃命，山野小民争着进入皇宫及王公贵族的宅第，盗抢金银财宝，有的还骑驴跑到宫殿上。还纵火焚烧了左藏大盈库。崔光远和边令诚率人扑灭了火势，然后招募人暂时代替府、县的长官分别守护宫殿仓库，杀了十几个人，稍稍稳定了当时的形势。崔光远派他的儿子去见安禄山，边令诚也把宫殿各门的钥匙献给安禄山。

玄宗等人到达便桥，杨国忠命人烧桥。玄宗阻止说：『士大夫和百姓们都要避难逃生，为什么要烧桥断绝他们的生路呢？』留下内侍监高力士救火，让他灭火后再跟来。玄宗命宦官王洛卿先行，前往通知各郡县准备接驾安顿事宜。至吃饭时，玄宗一行抵达咸阳县望贤

官，但王洛卿与咸阳县令均已逃跑。宦官前去征召，官吏与百姓没有人来。已至中午，玄宗没有吃饭，杨国忠亲自用钱买来胡饼献予玄宗。百姓们争着献上粗茶淡饭，并在里面掺杂了麦子和豆子等物，皇孙们争抢着用手吃饭，瞬间都吃完了，肚子仍没有饱。众人痛哭流涕，玄宗也忍不住落泪。不一会儿，御膳官员为皇上送饭，皇上先赏随从官吏，自己才吃。玄宗命士卒至村落寻找食物，约好未时集合前进。临近夜晚的时候，众人到达了金城县城。（谁知道）县令也逃跑了，县内百姓也都脱身而去。幸好水和食物还有器皿都在，将士们得以用餐果腹。那时候追随玄宗逃亡的官员们有很多在途中逃离，宦官内侍监袁思艺也逃走了。驿站中没有灯火，众人互相枕藉而睡，已顾不上贵贱之别。

点评 由是观之，此一君之身耳，当其清明，直臣在朝，民情无所蔽则治；当其昏惑，佞臣在朝，民情无所诉则乱。方其治也，端居九重，玉食万方而有余；及其乱也，道路播迁，粝食充饥而不足。治乱安危之几，亦可畏矣。况幸蜀之举，又失策之甚者，安有为天下主，乃委弃其宗庙社稷，九族百官于贼，而苟图自全者乎。且蜀地邑险，偏安一隅，可以退守，不可以进取。向非天意祚唐，百姓拥留太子，收兵灵武，克服两京，则天下事去矣。然则人君守社稷，即有急难，国都岂可轻弃哉。（张居正）

（六月）丙申，至马嵬驿，将士饥疲，皆愤怒。陈玄礼以祸由杨国忠，欲诛之，因东宫宦者李辅国以告太子，太子未决。会吐蕃使者二十余人遮国忠马，诉以无食，国忠未及对，军士呼曰：『国忠与胡虏谋反！』或射之，中鞍。国忠走至西门内，军士追杀之，屠割支体，以枪揭其首于驿门外，并杀其子户部侍郎暄及韩国、秦国夫人。御史大夫魏方进曰：『汝曹何敢害宰相！』众又杀之。韦见素闻乱而出，为乱兵所挝，脑血流地。众曰：『勿伤韦相公。』救之，得免。

军士围驿，上闻喧哗，问外何事，左右以国忠反对。上杖屦出驿门，慰劳军士，令收队，军士不应。上使高力士问之，玄礼对曰：『国忠谋反，贵妃不宜供奉，愿陛下割恩正法。』上曰：『朕当自处之。』入门，倚杖倾首而立。久之，京兆司录①韦谔前言曰：『今众怒难犯，安危在晷刻，愿陛下速决！』因叩头流血。上曰：『贵妃常居深宫，安知国忠反谋？』高力士曰：『贵妃诚无罪，然将士已杀国忠，而贵妃在陛下左右，岂敢自安！愿陛下审思之，将士安则陛下安矣。』上乃命力士引贵妃于佛堂，缢②杀之。舆尸置

资治通鉴

驿庭，召玄礼等入视之。玄礼等乃免胄释甲，顿首请罪，上慰劳之，令晓谕军士。玄礼等皆呼万岁，再拜而出，于是始整部伍为行计。谔，见素之子也。国忠妻裴柔与其幼子晞及虢国夫人、夫人子裴徽皆走，至陈仓，县令薛景仙帅吏士追捕，诛之。

注释 ①京兆司录：官名，全称为京兆府司录参军，官阶正七品上。②缢：用绳索、布条等套绕颈上挂于高处气绝而死。

译文 六月丙申（即农历六月十四日），唐玄宗一行人来到马嵬驿（在今陕西省兴平县西北），将士们又饿又累，个个心中充满愤怒。龙武大将军陈玄礼因为祸乱是由杨国忠引起的，想要诛杀他，便通过东宫太子的内侍宦官李辅国转告太子自己的想法，太子犹豫不决。此时有吐蕃使节二十余人拦住杨国忠马，向他诉说没有吃的，杨国忠还没来得及回答，士卒叫道：『杨国忠与胡人谋反！』有人向他射箭，射中了杨国忠坐骑的马鞍。杨国忠急忙逃命，逃至马嵬驿西门内，被士兵追上杀死，肢解其尸，将头颅挂在矛上插于西门外示众，杀其子户部侍郎杨暄以及韩国夫人、秦国夫人。御史大夫魏方进说：『你们胆大妄为，竟敢谋害宰相！』众人又杀了他。韦见素听到动乱声跑出察看，被变乱的士兵鞭打，头破血流。众人大喊：『别伤害韦相公。』这才救了韦见素一命。

军士们包围驿馆，玄宗听到喧闹的声音，问外面发生什么事了，随从回答说杨国忠谋反。玄宗拄杖走出驿门，慰劳军士，命他们撤走，但军士不听。玄宗派高力士前去询问，陈玄礼答道：『杨国忠因为谋反被将士们所杀，他的妹妹杨贵妃也不应该继续陪侍皇上，希望陛下能忍痛割爱，处死贵妃。』玄宗说：『我自己会解决这件事的。』玄宗进入驿门，倚着拐杖侧首站立。过了一会儿，京兆司录参军韦谔上前说道：『如今众怒难犯，形势危急，安危就在片刻，希望陛下早决。』说着跪下叩头，以至血流满面。玄宗说：『杨贵妃居于森严宫中，怎知杨国忠谋反？』高力士说：『杨贵妃确实没有罪，但将士们已经杀了杨国忠，如果杨贵妃还侍奉陛下，他们怎能安心？希望陛下慎重考虑，只有将士安宁陛下才会安全。』玄宗这才让高力士把杨贵妃带到佛堂，吊死了她，并把遗体抬到驿站院子中，召唤陈玄礼等人进入检视。陈玄礼等脱去甲胄，磕头谢罪，玄宗慰劳其并命之告谕军士。陈玄礼等高呼万岁，拜了两拜后出去，整顿军队准备前行。韦谔是韦见素的儿子。杨国忠的妻子裴柔和他的幼子，还有虢国夫人、虢国夫人的儿子裴徽都逃到陈仓县，县令薛景仙帅领官吏士人捕杀了他们。

张巡守睢阳

（至德元载）令狐潮围张巡于雍丘，相守四十余日，朝廷声问不通。潮闻玄宗已幸蜀，复以书招巡。有大将六人，官皆开府、特进，白巡以兵势不敌，且上存亡不可知，不如降贼。巡阳许诺。明日，堂上设天子画像，帅将士朝之，人人皆泣。巡引六将于前，责以大义，斩之。士心益劝。

中城矢尽，巡缚藁为人千余，被以黑衣，夜缒城下，潮兵争射之，久乃知其藁人，得矢数十万。其后复夜缒人，贼笑不设备，乃以死士五百斫潮营；潮军大乱，焚垒而遁，追奔十余里。潮惭，益兵围之。

巡使郎将雷万春于城上与潮相闻，贼弩射之，面中六矢而不动。潮疑其木人，使谍问之，乃大惊，遥谓巡曰：『向见雷将军，方知足下军令矣，然其知天道何！』巡谓之曰：『君未识人伦，焉知天道！』未几，出战，擒贼将十四人，斩首百余级。贼乃夜遁，收兵入陈留，不敢复出。

译文 唐肃宗至德元载（七五六年），叛将令狐潮率兵在雍丘包围张巡，张巡坚守了四十多天，和朝廷的联系断绝。令狐潮得知玄宗已逃往蜀中，就又写信招降张巡。张巡有大将六人，官职都是开府、特进，他们劝张巡说，我们兵力弱小，不足以抵御叛军，况且皇上不知是死是活，不如投降。张巡假装答应。第二天，在堂上摆上天子的画像，率领将士朝拜，大家全都泣不成声。然后张巡把六位部将带到前面，斥责他们不忠不义，并杀了他们。从此军心更加坚定。

城中的箭已经用尽，张巡就命令士卒用稻草扎成一千多个草人，给它们穿上黑衣服，夜晚用绳子放到城下，令狐潮的军队争相射击，很久之后才发现是草人，这样智取箭矢数十万支。后来又用绳子把人放下城头，叛军大笑，还以为是草人，不加防备，于是派出五百名敢死之士袭击叛军的大营，令狐潮的军队顿时大乱，烧掉营垒而逃，张巡率兵追击了十多里才返回。令狐潮兵败，又气又恨，就又增兵把雍丘紧紧包围。

张巡让郎将雷万春在城头上和令狐潮对话，叛军趁机用弩机射雷万春，雷万春脸上被射中了六处，仍然岿然挺立不动。令狐潮怀疑是木头人，就派兵去侦察，得知确实是雷万春，非常惊异，远远地对张巡说：『刚才看见雷将军，才知道足下军令的威严，可这样做合乎天道吗？』张巡回答说：『你已丧尽天良，还有什么资格来谈论天道！』不久，张巡又率兵出战，擒获叛将十四人，杀死一百余人。于是叛军乘夜而逃，收兵入保陈留，不敢再出来交战。

（至德二载三月）尹子奇复引大兵攻睢阳。张巡谓将士曰：『吾受国恩，所守，正死耳。但念诸捐君躯命，膏草野，而赏不酬勋，以此痛心耳。』将士皆激励请奋。巡遂椎牛，大飨士卒，尽军出战。贼望见兵少，笑之。巡执旗，帅诸将直冲贼陈，贼乃大溃，斩将三十余人，杀士卒三千余人，逐之数十里。明日，贼又合军至城下，巡出战，昼夜数十合，屡摧其锋，而贼攻围不辍。

（五月）尹子奇益兵围睢阳益急，张巡于城中夜鸣鼓严队，若将出击者；贼闻之，达旦儆备。既明，巡乃寝兵绝鼓。贼以飞楼瞰城中，无所见，遂解甲休息。巡与将军南霁云、郎将雷万春等十余将各将五十骑开门突出，直冲贼营，至子奇麾下，营中大乱，斩贼将五十余人，杀士卒五千余人。巡欲射子奇而不识，乃剡①蒿为矢。中者喜，谓巡矢尽，走白子奇，乃得其状。使霁云射之，丧其左目，几获之。子奇乃收军退还。

（七月）壬子，尹子奇复征兵数万，攻睢阳。而睢阳城至是食尽，将士人廪②米日一合，杂以茶纸、树皮为食，而贼粮运通，兵败复征。睢阳将士死不加益，诸军馈救不至，士卒消耗至一千六百人，皆饥病不堪斗，遂为贼所围，张巡乃修守具以拒之。贼为云梯，置精卒二百于其上，推之临城，欲令腾入。巡豫于城凿三穴，候梯将至，于一穴中出大木，末置铁钩，钩之使不得退；一穴中出一木，拄之使不得进；一穴中出一木，木末置铁笼，盛火焚之，其梯中折，梯上卒尽烧死。贼又以钩车钩城上栅阁③，钩之所及，莫不崩陷。巡以大木，末置连锁，锁末置大环，拓其钩头，以革车拔之入城，截其钩头而纵车令去。贼又造木驴攻城，巡熔金汁灌之，应投销铄。贼又于城西北隅以土囊积柴为磴道，欲登城。巡不与争利，每夜，潜以松明④、干藁之于中，积十余日，贼不之觉，因出军大战，使人顺风持火焚之，贼不能救，经二十余日，火方灭。巡之所为，皆应机立办，贼服其智，不敢复攻。遂于城外穿三重壕，立木栅以守巡，巡亦于内作壕以拒之。

注释 ①剡：削也。②廪：当作『禀』，给也。③栅阁：于城上架木为栅，跳出城外四五尺许，上有屋宇，以蔽风雨，战士居之，以临御外敌，谓之敌楼。④松明：松枯而油存，可燎之以为明。

译文 至德二载（七五七年）三月，叛军大将尹子奇又率大军进攻睢阳。张巡对将士们说：『我身受国恩，要死守此城，正是死得其所。但一想到大家为国家献身，血染原野，而赏赐难以酬劳所建立的功勋，万分痛心。』将士们都情绪激动，奋勇请战。于是张巡杀牛设宴，犒劳士卒，率全军出战。叛军见官军兵少，嘲笑他们。张巡手拿战旗，率领众将直冲叛军阵中，叛军全军溃败！斩敌将三十多人，杀死士卒三千余人，追赶敌军数十里。第二天，叛军又集兵逼临城下，张巡率兵出战，日夜交战数十回合，多次挫败了叛军的兵锋，但叛军仍在围城攻打。

五月，尹子奇增加兵力把睢阳包围得更紧，夜晚，张巡在城中鸣鼓整肃队伍，像要出击似的，叛军听到后，整夜严备。天亮后，张巡却停鼓息兵。叛军在飞楼上瞭望城中，什么也看不见，于是解甲休息。张巡与将军南霁云、郎将雷万春等十余名将领各率五十名骑兵打开城门突然杀出，直冲叛军营地，到达尹子奇战旗下，敌营顿时大乱，杀敌将五十多人，杀士卒五千余人。张巡想要射杀尹子奇，但不认识他，于是就削蒿草做箭，被射中的叛军十分高兴，以为张巡他们的箭已射完，于是报告尹子奇，张巡得以认出。于是让南霁云射击，射中尹子奇左眼，差点抓获了他。尹子奇收兵退去。

七月壬子（初六），尹子奇又征兵数万名，围攻睢阳。而睢阳城中的粮食此时已被吃光，将士每人每日给米一合，并夹杂茶纸、树皮而食，而叛军却粮道畅通，兵员充足，伤亡能够及时补充。睢阳守城的将士死伤而得不到援兵补充，诸军的粮食救援不至，士卒损耗只剩下一千六百人，都因饥饿疾病没有战斗力，于是睢阳城被叛军包围，张巡便准备守城战具抵御敌人。叛军制作了云梯，上面安排了两百精兵，推至城下，打算令士兵跳入城中。张巡事先在城墙上凿了三个洞穴，等云梯快到时，从一穴中伸出一根大木，头上装有铁钩，钩住云梯使其无法退去，又从一穴中伸出一根木头，顶住云梯使其不得前进；剩下一穴中伸出一大木，头上放了一个铁笼，装着火用来焚烧云梯，云梯中间被烧断，梯上的士卒全被烧死。叛军又用钩车钩城头上的敌楼，钩车所到之处，敌楼相继崩塌。张巡在大木头上安了连锁，锁头装置大环，套住叛军的钩车头，然后用车皮拔入城中，截去车上的钩头，然后把车放掉。叛军又制作木驴攻城，张巡就熔化铁水浇灌木驴，木驴立刻被熔毁。叛军最后在城西北角用土袋和木柴堆成阶道，打算借此登城。张巡不与叛军交战，只到每天夜晚，暗中把松明

与干草扔进正在堆积的阶道中，共十余天，叛军没有察觉，张巡趁机出军大战，派人顺风纵火焚烧阶道，叛军无法扑灭，二十多天后大火才熄灭。张巡的所作所为都是随机应变，立刻办理。叛军信服他智谋高强，不敢再行进攻。于是在城外挖了三道壕沟，立起木栅围城，张巡也在城内挖了壕沟以对抗敌人。

（十月）尹子奇久围睢阳，城中食尽，议弃城东走，张巡、许远谋，以为：『睢阳，江、淮之保障，若弃之去，贼必乘胜长驱，是无江、淮也。且我众饥羸，走必不达。古者战国诸侯，尚相救恤，况密迩群帅乎！不如坚守以待之。』茶纸既尽，遂食马；马尽，罗雀掘鼠；雀鼠又尽，巡出爱妾，杀以食士，远亦杀其奴；然后括城中妇人食之，继以男子老弱。人知必死，莫有叛者，所余才四百人。

癸丑，贼登城，将士病，不能战。巡西向再拜曰：『臣力竭矣，不能全城，生既无以报陛下，死当为厉鬼以杀贼！』城遂陷，巡、远俱被执。尹子奇问巡曰：『闻君每战眦裂齿碎，何也？』巡曰：『吾志吞逆贼，但力不能耳。』子奇以刀抉其口视之，所余才三四。子奇义其所为，欲活之。其徒曰：『彼守节者也，终不为用。且得士心，存之，将为后患。』乃并南霁云、雷万春等三十六人皆斩之。巡且死，颜色不乱，扬扬如常。生致许远于洛阳。

巡初守睢阳时，卒仅万人，城中居人亦且数万，巡一见问姓名，其后无不识者。前后大小战凡四百余，杀贼卒十二万人。巡行兵不依古法教战陈，令本将各以其意教之。人或问其故，巡曰：『今与胡虏战，云合鸟散，变态不恒，数步之间，势有同异。临机应猝，在于呼吸之间，而动询大将，事不相及，非知兵之变者也。故吾使兵识将意，将识士情，投之而往，如手之使指。兵将相习，人自为战，不亦可乎！』自兴兵，器械、甲仗皆取之于敌，未尝自修。每战，将士或退散，巡立于战所，谓将士曰：『我不离此，汝为我还决之。』将士莫敢不还，死战，卒破敌。又推诚待人，无所疑隐；临敌应变，出奇无穷；号令明，赏罚信，与众共甘苦寒暑，故下争致死力。

译文 十月，尹子奇率兵久围睢阳，城中粮尽，有人建议放弃睢阳，向东撤军，张巡与许远商议，认为：『睢阳是江淮的屏障，如果放弃睢阳，那么叛军就可以长驱南下，侵占江淮地区。再者，我们的将士饥饿病弱，要撤退也必定走不掉。战国时的各国诸侯交战

时，同盟国还互相救援，何况我们周围不远还有许多朝廷的驻军将帅！不如固守以待救援。』睢阳城内茶纸吃完以后，就杀马而食；马被杀光后，又捕鸟雀和掘地抓鼠而食，鸟鼠又吃尽后，张巡就杀死自己的爱妾，让士卒们吃肉，许远也杀了他的家奴，然后把城中的女人全部搜寻出来杀死吃掉，接着又杀了老弱病残的男子。城中的人都知道必死，所以没有叛变的，最后只剩下了四百人。

癸丑（初九），叛军登上城头，将士们病弱，不能再战。张巡向西拜了两拜说：『我已经竭尽全力，但没有守住睢阳城，生时不能报答陛下的恩德，死后也要化为厉鬼英勇杀敌！』随后城破，张巡与许远都被俘。尹子奇问张巡说：『听说将军你每当作战时眼角睁裂，牙齿咬碎，不知道为什么？』张巡说：『我是想要吞掉你们这伙叛逆的贼党，只恨力不从心。』尹子奇就用刀撬开张巡的嘴，果然只剩下三四颗牙齿。尹子奇欣赏张巡的忠义，想保全他的性命。但他的部下却说：『像张巡这样的人，都是忠义守节之士，最终不会为我们所用。他深得军心，如果不杀掉他，必为后患。』于是尹子奇把张巡与南霁云、雷万春等三十六人全部杀掉。张巡临刑前，神色自若，面不改色，慷慨赴难。尹子奇把许远押送到洛阳。

张巡起初镇守睢阳时，只有士兵一万人，而城中居民百姓却有数万人，张巡每见一人就询问其姓名，后来没有不认识的。前后大小战斗共进行了四百余次，杀死叛军十二万人。张巡练兵不以古人的兵法作战布阵，而是命令部下将领各自根据自己的战略教习战法。有人问其中的原因，张巡说：『如今是与反叛的胡人作战，他们忽散忽合，变化不定，有时在数步之内，军势不同。所以就需要将领们在短时间内能够应接突发的事件，如果让他们动辄请示大将，那就来不及了，这不是通晓兵法变化的人的做法。所以我让士卒了解将领的意图，将领熟悉士卒的情况，这样将领指挥士卒作战，就像手使用自己的指头一样自如。兵与将相互了解，部队各自为战，不是很好吗！』自从与叛军交战以来，守城所用的器械与作战所用的兵器都是缴获敌人的，守城部队没有修理制造过。每次战斗，有的将士后退下来，张巡就站在阵地上对将士们说：『我绝不离开此处，你们为我回去与叛军决战。』将士听后，没有敢再后退的，与叛军死战，最后都能够打败敌人的进攻。张巡待人诚恳，胸怀坦荡，善于随机应变，出奇制胜。并且号令严明，赏罚分明，能够与部下同甘共苦，所以部下的将士都争相拼死效力。

安史之乱平定

安庆绪之初至邺也，虽枝党离析，犹据七郡六十余城，甲兵资粮丰备。庆绪不亲政事，专以缮台沼楼船、酣饮为事。

（乾元元年九月）庚寅，命朔方郭子仪、淮西鲁炅、兴平李奂、滑濮许叔冀、镇西北庭李嗣业、郑蔡季广琛、河南崔光远七节度使及平卢兵马使董秦将步骑二十万讨庆绪；又命河东李光弼、关内泽潞王思礼二节度使将所部兵助之。

郭子仪引兵自杏园济河，东至获嘉①，破安太清，斩首四千级，捕虏五百人。太清走保卫州，子仪进围之。庆绪悉举邺中之众七万救卫州。子仪使善射者三千人伏于垒垣之内，既而与庆绪战，伪退，贼逐之，至垒下，伏兵起射之，矢如雨注，贼还走，子仪复引兵逐之，庆绪大败。获其弟庆和，杀之。遂拔卫州。庆绪走，子仪等追之至邺。庆绪收余兵拒战于愁思冈，又败。前后斩首三万级，捕虏千人。庆绪乃入城固守，子仪等围之。庆绪窘急，遣薛嵩求救于史思明，且请以位让之。

乾元二年，春，正月，己巳朔，史思明筑坛于魏州城北，自称大圣燕王，以周挚为行军司马。

（二月）郭子仪等九节度使围邺城，筑垒再重，穿堑三重，壅漳水灌之。城中井泉皆溢，构栈而居，自冬涉春，安庆绪坚守以待史思明，食尽，一鼠直钱四千，淘墙麸及马矢以食马。城久不下，上下解体。

思明乃自魏州引兵趣邺。时天下饥馑，转饷者南自江、淮，西自并、汾，舟车相继。思明多遣壮士窃

官军装号，督趣运者，责其稽缓，妄杀戮人，运者骇惧，舟车所聚，则密纵火焚之。由是诸军乏食，人思自溃。思明乃引大军直抵城下，官军与之刻日决战。

三月，壬申，官军步骑六十万陈于安阳河②北，思明自将精兵五万敌之。思明直前奋击，李光弼、王思礼、许叔冀、鲁炅先与之战，杀伤相半。郭子仪承其后，未及布陈，大风忽起，吹沙拔木，天地昼晦，咫尺不相辨，两军大惊，官军溃而南，贼溃而北，弃甲仗辎重委积于路。

史思明审知官军溃去，自沙河③收整士众，还屯邺城南。安庆绪收子仪营中粮，得六七万石，与孙孝哲、崔乾祐谋闭门更拒思明。诸将曰：『今日岂可复背史王乎！』思明不与庆绪相闻，又不南追官军，但日于军中飨士。张通儒、高尚等言于庆绪曰：『史王远来，臣等皆应迎谢。』庆绪曰：『任公暂往。』思明见之涕泣，厚礼而归之。经三日，庆绪不至。思明密召安太清令诱之。庆绪大悦，因请歃血同盟，思明许之。庆绪以三百骑诣思明营，思明令军士擐甲执兵以待之，引庆绪及诸弟入至庭下。庆绪再拜稽首曰：『臣不克荷负，弃失两都，久陷重围，不意大王以太上皇之故，远垂救援，使臣应死复生，摩顶至踵，无以报德。』思明忽震怒曰：『弃失两都，亦何足言。尔为人子，杀父夺其位，天地所不容。吾为太上皇讨贼，岂受尔佞媚乎！』即命左右牵出，并其四弟及高尚、孙孝哲、崔乾祐皆杀之；张通儒、李庭望等悉授以官。思明勒兵入邺城，收其士马，以府库赏将士，庆绪先所有州、县及兵皆归于思明。遣安太清将兵五千取怀州，因留镇之。思明欲遂西略，虑根本未固，乃留其子朝义守相州，引兵还范阳。

（四月）史思明自称大燕皇帝，改元顺天。

注释 ①杏园：地名，在获嘉县西南屯街村一带；获嘉：地名，位于河南省新乡市西部。②安阳河：海河流域漳卫河水系的第二大支流，自西向东流经安阳县，因而得名。③沙河：指沙河县，唐朝时隶属邢州，位于邺城西北方。

译文 安庆绪刚到邺郡的时候，虽然叛军内部的势力已经分崩离析，但依然占据着七个郡六十多座城池，兵器资粮充足。但是安庆绪毫不理会政事，而是大兴土木，修建官殿庭台，楼船沼池，以饮酒为乐。

唐肃宗乾元元年九月庚寅（七五八年农历九月二十一日），皇帝命令朔方节度使郭子仪、淮西节度使鲁炅、兴平节度使李奂、滑濮节度使许叔冀、镇西及北

庭节度使李嗣业、郑蔡节度使季广琛和河南节度使崔光远等七位节度使连同平卢兵马使董秦率领二十万步、骑兵征讨安庆绪，又下令河东节度使李光弼和关内及泽潞节度使王思礼率领军队前往助战。

郭子仪领兵自杏园渡过黄河，东行抵达获嘉，击败叛军安太清，斩杀叛军四千人，虏获五百人。安太清退保卫州，郭子仪进兵包围。安庆绪发邺中的全部兵七万来救卫州。郭子仪命令善射手三千埋伏在军营垒墙的后面，与安庆绪交战，假装退却，叛军遂来追赶，来到垒下，伏兵齐发而射击，箭如雨下，叛军退走，郭子仪又率兵追击，安庆绪大败。生擒并斩杀了安庆绪之弟安庆和，攻克了卫州。安庆绪失败后逃亡，郭子仪领兵追到邺城。安庆绪收罗残兵与官军战于愁思冈，又被打败。前后杀死叛军三万人，俘虏一千人。于是安庆绪入城固守，郭子仪等率兵包围了邺城。安庆绪走投无路，派薛嵩求救于史思明，并请求让帝位给史思明。

唐肃宗乾元二年（七五九年），春天，正月初一，史思明在魏州城背面修筑祭坛祭天，然后自称大圣燕王，任命周挚为行军司马。

二月，郭子仪等九位节度使联军围困安庆绪所在的邺城，筑了两道防御围墙，挖了三条壕沟，堵住漳河水使之满溢灌入邺城。邺城中井泉都水满溢出，人们只好构栈而住，从冬天一直到春天，安庆绪死死坚守，等待史思明率兵解围，城中粮食吃尽，以至一只老鼠值钱四千，士卒挖出墙中的麦秸及马粪来喂养战马。邺城久久不能攻下，官军人心懈怠。史思明这时才从魏州开拔援救邺城。当时全天下都在闹饥荒，朝廷官军所用的粮草都是从南面的江淮地区、西面的并州、汾州运来。于是史思明派壮士穿上官军的服装，窃取官军的号令，去督促运粮者，斥责他们缓慢，随便杀戮，使转运的人心中惊骇恐惧。他们又在运送粮饷船车聚集的地方，暗中放火焚烧。这样朝廷的各路兵马因为缺乏粮草，军心动摇散漫。史思明于是率领大部队直逼城下，官军和他限定了决战日期。

三月初六，朝廷官军的六十万步、骑兵在安阳河北岸摆好阵势，史思明亲自领兵五万应战。史思明身先士卒，率军冲锋，李光弼、王思礼、许叔冀与鲁炅先领兵迎战，杀伤各半。郭子仪率兵紧跟在后面，还未及布阵，大风急起，吹沙拔木，天地一片昏暗，咫尺之间，人马不辨，官军和叛军双方都十分吃惊，官军向南溃散，叛军向北而退，双方士兵丢弃的兵器铠甲等军资堆满道路。

史思明经过探听，知道了官军败退的消息，于是在沙河收整军队，回师驻扎在邺城南面。安庆绪收集了郭子仪军队败退时留下的粮食有六七万石，于是就与孙孝哲、崔乾祐计谋关闭城门，抗拒史思明。这时各位将领说：『我们现在怎么能够背叛史王呢！』而史思明既不与安庆绪通报情况，也不南下追击官军，只是每天在军中宴请士卒。张通儒、高尚等人对安庆绪说：『史王远道率兵来救援我们，我们都应该去迎接感谢。』安庆绪说：『随你们去吧。』史思明见到张通儒、高尚等，痛哭流涕，重加礼赏，然后让他们回去。等了三天，安庆绪还不前来。史思明便偷偷叫来安太清，让他说好话引诱安庆绪前来。安庆绪果然被诱骗，高兴地请求和史思明歃血为盟。史思明答应了。安庆绪便率骑兵三百名前往史思明营中。史思明让士兵穿着盔甲拿着武器等待安庆绪到来，然后引着安庆绪和他几名兄弟进入营内。安庆绪叩头再拜说：『作为臣下，我治军无方，丧失东西二京，并陷于重兵包围之中，没有想到大王看在我父亲太上皇的情分上，远来救危，使我得以复生，恩深如海，终生难以报答。』史思明忽然大怒说：『丢失两京，何足挂齿。你身为人子，杀父篡位，为天地之所不容。我是为太上皇讨伐你这个逆贼，怎么肯受你讨好的假话欺骗呢！』当即命令左右的人把安庆绪连同他的四个弟弟以及高尚、孙孝哲、崔乾祐等全部杀掉。张通儒、李庭望等人都被授以官职。然后史思明整军入邺城，收集了安庆绪的兵马，把府库中的财物分赏给将士，安庆绪原先所占据的州、县以及兵马都归史思明所有。史思明又派安太清率兵五千攻取怀州，因此留安太清镇守怀州。史思明接下来想要向西开拓疆土，担心根基未稳，于是留下儿子史朝义镇守相州，自己率领大部队返回范阳老巢。四月，史思明公然自称大燕皇帝，变更年号为顺天。

（九月）史思明使其子朝清守范阳，命诸郡太守各将兵三千从己向河南，分为四道，使其将令狐彰将兵五千自黎阳济河取滑州，思明自濮阳，史朝义自白皋，周挚自胡良济河，会于汴州。

李光弼方巡河上诸营，闻之，还入汴州，谓汴滑节度使许叔冀曰：『大夫能守汴州十五日，我则将兵来救。』叔冀许诺。光弼还东京。思明至汴州，叔冀与战，不胜，遂与濮州刺史董秦及其将梁浦、刘从谏、田神功等降之。

思明乘胜西攻郑州。光弼帅军士运油、铁诸物诣河阳为守备。夜至河阳，有兵二万，粮才支十日。庚寅，思明入洛阳，城空，退屯白马寺南，筑月城于河阳南以拒光弼。

思明有良马千余匹，每日出于河南渚浴之，循环不休以示多。光弼命索军中牝马，得五百匹，絷其驹于城内。俟思明马至水际，尽出之，马嘶不已，思明马悉浮渡河，一时驱之入城。思明怒，列战船数百艘，泛火船于前而随，欲乘流烧浮桥。光弼先贮百尺长竿数百枚，以巨木承其根，毡裹铁叉置其首，以迎火船而叉之。船不得进，须臾自焚尽。又以叉拒战船，于桥上发炮石击之，中者皆沉没，贼不胜而去。

思明复攻河阳，光弼谓郑陈节度使[1]李抱玉曰：『将军能为我守南城二日乎？』抱玉曰：『过期何如？』光弼曰：『过期救不至，任弃之。』抱玉许诺，勒兵拒守。抱玉出奇兵，表里夹击，杀伤甚众。

董秦从思明寇河阳，夜，帅其众五百，拔栅突围，降于光弼。时光弼自将屯中潬，城外置栅，栅外穿堑，深广二丈。（十月）乙巳，贼将周挚舍南城，并力攻中潬。光弼命荔非元礼出劲卒于羊马城[2]以拒城。光弼自于城东北隅建小朱旗以望贼。贼恃其众，直进副城，以车载攻具自随，督众填堑，三面各八道以过兵，又开栅为门。光弼望贼逼城，使问元礼曰：『中丞视贼填堑开栅过兵，晏然不动，何也？』元礼曰：『司空欲守乎，战乎？』光弼曰：『欲战。』元礼曰：『欲战，则贼为吾填堑，何为禁之？』光弼曰：『善，吾所不及，勉之！』元礼俟栅开，帅敢死士突出击贼，却走数百步。元礼度贼陈坚，未易摧陷，乃复引退，须其怠而击之。光弼望元礼退，怒，遣左右召，欲斩之。元礼曰：『战正急，召何为？』乃退入栅中，贼亦不敢逼。良久，鼓噪出栅门，奋击，破之。

周挚复收兵趣北城。光弼遽帅众入北城，登城望贼曰：『贼兵虽多，嚣而不整，不足畏也。不过日中，保为诸君破之。』乃命诸将出战。及期，不决，召诸将问曰：『向来贼陈，何方最坚？』曰：『西北隅。』光弼命其将郝廷玉当之。廷玉请骑兵五百，与之三百。又问其次坚者。曰：『东南隅。』光弼命其将论惟贞当之。惟贞请铁骑三百，与之二百。光弼令诸将曰：『尔曹望吾旗而战，吾飐旗缓，任尔择利而战；吾急飐旗三至地，则万众齐入，死生以之，少退者斩！』又以短刀置靴中，曰：『战，危事，吾国之三公，不可死贼手，万一战不利，诸君前死于敌，我自刭于此，不令诸君独死也。』诸将出战，顷之，廷玉奔还。光弼望之，惊曰：『廷玉退，吾事危矣。』

资治通鉴

命左右取廷玉首。廷玉曰：『马中箭，非敢退也。』使者驰报。光弼令易马，遣之。仆固怀恩及其子开府仪同三司玚战小却，光弼又命取其首。怀恩父子顾见使者提刀驰来，更前决战。光弼连飐其旗，诸将齐进致死，呼声动天地，贼众大溃，斩首千余级，捕虏五百人，溺死者千余人，周挚以数骑遁去，擒其大将徐璜玉、李秦授。其河南节度使安太清走保怀州。思明不知挚败，尚攻南城，光弼驱俘囚临河示之，乃遁。

注释 ①郑陈节度使：唐肃宗乾元二年设置，管辖范围是郑州、陈州、亳州和颍州。②羊马城：古代为防御敌人，在城外构筑的类似城圈的工事。

译文 九月，史思明让儿子史朝清镇守范阳，下令诸郡的太守各率领三千兵马跟随他分成四路兵马，向黄河以南进发：命部将令狐彰率兵五千从黎阳渡河进攻滑州，史思明自己率兵从濮阳渡黄河，史朝义率兵从白皋渡黄河，周挚部队从胡良渡过黄河，四路兵马在汴州会师。

李光弼正在黄河边上各营巡查，听说这个消息，又回到汴州。对汴滑节度使许叔冀说：『你如果能够坚守汴州十五天，我就率兵来救你。』许叔冀说可以。于是李光弼回东京。史思明抵达汴州城下，许叔冀迎战，不能取胜，便与濮州刺史董秦及其部将梁浦、刘从谏、田神功等投降了叛军。

史思明乘胜向西攻取郑州。李光弼率领将士将油、铁等物资运送到河阳，做好防守准备。李光弼率兵晚上到达河阳，共有兵二万人，河阳城中的粮食仅能够十天吃。庚寅（二十七日），史思明进入洛阳，城中空无一物，于是退出城外驻扎在白马寺南面，在河阳城南面构筑月城以抵御李光弼。

史思明有一千多匹良马，每天都会放出来到黄河南岸的小洲上擦洗，史思明这样做已经循环往复许多次，以炫耀他马多。李光弼命令把军中的母马都挑选出来，共有五百匹，把马驹都圈在城内。等史思明的马来到水边时，就把这些母马全部放出去，一时嘶鸣不已，史思明的战马看见后，都纷纷渡过黄河来追赶母马，被李光弼的士卒全部赶入城中。史思明大怒，派出数百艘战舰，又在前面浮泛火船，想要顺着水流烧毁浮桥。李光弼先预备了数百根百尺长的木杆，用大木头撑住，把毡裹的铁叉安置在长杆前端，阻拦并叉住火船，使火船无法前进，不久就自动烧毁。又用大铁叉叉住战舰，从大桥上发射炮石击毁战船，被击中的战舰都沉没水中，贼军不能取胜，撤军退回。史思明又攻打河阳城，李光弼问郑陈节度使李抱玉：『将军能不能为我守住南城两天？』李抱玉说：『超过两天以后怎么办？』李光弼说：『如果超过两天救兵不来，就随你放弃。』李抱玉答应，然后整兵守城。李抱玉出奇兵偷袭叛军背后，前后夹击，杀死重伤叛军无数。

董秦跟从史思明进犯河阳，晚上率领他的五百部下，拔掉栅栏从叛军营中突围，向李光弼投降。当时李光弼亲自率兵驻扎在中潬，在城外设置了木栅，栅外又挖了壕沟，宽深各二丈。十月乙巳（十二日），叛军大将周挚放弃进攻南城，全力来攻中潬。李光弼命令荔非元礼出最精锐的部队前往城外的羊马城迎敌。他亲自在城的东北角树起一面朱红色的旗子，观察敌情。叛军仗着兵力强大，一直进军到城下，用车载着攻城的战具相随，并督促士卒填埋壕沟，在城的三面共填了八条路准备通过，又打开木栅作为出口。李光弼见叛军逼近城下，就派人问荔非元礼说：『你看见叛军填壕开栅准备通过，却安然不动，这是为什么呢？』荔非元礼说：『您是想坚守呢，还是想出战呢？』李光弼说：『想出战。』荔非元礼说：『如果想出战，那么叛军正是在为我们填壕，为什么要禁止他呢？』李光弼说：『你的计策好，我没有想到，希望你好好干。』元礼一等到栅栏被叛军打开，立即率领敢死的劲卒突然冲出杀贼，叛军被攻击被迫退后数百步。元礼认为叛军的阵势坚固，不容易陷落，于是又引兵退了回来，想等到叛军懈怠再出击。李光弼看见荔非元礼率兵退了下来，不禁大怒，就派左右人去召荔非元礼，想要杀掉他。荔非元礼说：『战斗正是紧急时刻，召我有什么事呢？』于是领兵退入栅中。叛军不敢紧逼。过了一会儿，荔非元礼率兵擂鼓呼叫杀出栅门，突然向叛军发起袭击，打败了敌人。

叛军大将周挚又收兵逼近北城。李光弼立刻率兵到了北城，登上城头望着叛军说：『敌人虽然兵多，但混乱而不整齐，用不着害怕。过不了中午，我保证为大家打败敌人。』便命令诸位将领率军出城迎战。到了说定的时辰还没有决胜，李光弼便召集众将询问：『刚刚敌军布阵，哪个方向最坚固？』他们说：『西北方向最强。』于是李光弼就命令部将郝廷玉到西北面坚守。郝廷玉请求给自己骑兵五百，李光弼只给了他三百。李光弼又问哪个方面的敌人兵力第二强，众将领说：『东南方向。』于是李光弼就命令部将论惟贞去东南面守卫。论惟贞请求精锐骑兵三百，李光弼只给了他二百。李光弼命令诸位将领说：『你们都看着我的旗子号令行事，我缓慢挥动旗子的时候，你们随便选择有利的时机出击；我快速地将旗子向地上挥了三下，所有人都要一起

◎唐纪·安史之乱平定

进攻，冒死前进，有敢稍微后退的人一律斩杀。』然后李光弼又把一把短刀放置在自己的靴子中，说：『战斗是危险的事情，我身为国家的三公，不能够死于叛军之手，万一战斗失败，大家在前面死于敌手，我就在这里自刎而死，绝不会只让大家战死。』于是众将领出战，不一会儿，郝廷玉逃下阵来。李光弼望见，大惊说：『郝廷玉逃下阵来，我的计划就危险了。』于是命令左右的人去把郝廷玉的头颅割下来。郝廷玉说：『是我的坐骑中箭，并不是我怯战退了下来。』使者驰马来报告李光弼。李光弼就命令换了一匹马，让郝廷玉重新上阵。仆固怀恩和他的儿子开府仪同三司仆固玚与叛军交战稍有退却，李光弼又命令左右的人去把他们的头颅割下来。仆固怀恩父子看见李光弼派来的人提刀骑马而来，就重新上前决战。李光弼连连挥动手中的旗子，各将领一齐冒死杀入敌阵，喊声震天动地，叛军溃败。官军斩杀叛军一千余人，俘虏五百人，溺死千余人。周挚只带着几骑人马逃走了，擒获了叛军大将徐璜玉、李秦授，叛军的河南节度使安太清逃到怀州。史思明还不知道周挚已经溃败，还在攻打南城。李光弼驱赶着俘虏隔着河给史思明看，史思明这才退兵。

点评 史言河阳之战，真为确斗，非李光弼督诸将致死，不足以决胜。（胡三省）

史思明猜忍好杀，群下小不如意，动至族诛，人不自保。朝义，其长子也，常从思明将兵，颇谦谨，爱士卒，将士多附之，无宠于思明。思明爱少子朝清，使守范阳，常欲杀朝义，立朝清为太子，左右颇泄其谋。思明既破李光弼，欲乘胜西入关，使朝义将兵为前锋，自北道袭陕城，思明自南道将大军继之。（上元二年）三月，甲午，朝义兵至礓子岭，卫伯玉逆击，破之。朝义数进兵，皆为陕兵所败。思明退屯永宁，以朝义为怯，曰：『终不足成吾事！』欲按军法斩朝义及诸将。戊戌，命朝义筑三隅城，欲贮军粮，期一日毕。朝义筑毕，未泥，思明至，诟怒之，令左右立马监泥，斯须而毕。思明又曰：『俟克陕州，终斩此贼。』朝义忧惧，不知所为。

思明在鹿桥驿，令腹心曹将军将兵宿卫；朝义宿于逆旅①，其部将骆悦、蔡文景说朝义曰：『悦等与王，死无日矣！自古有废立，请召曹将军谋之。』朝义俯首不应。悦等曰：『王苟不许，悦等今归李氏，王亦不全矣。』朝义泣曰：『诸君善为之，勿惊圣人②！』悦等乃令许叔冀之子季常召曹将军，至，则以其谋告之。曹将军知诸将尽怨，恐祸及己，不敢违。是夕，悦等以朝义部兵三百被甲诣驿，宿卫兵怪之，畏曹将军，不敢动。悦等引兵入至思明寝所，值思明如厕，问左右，未及对，已杀数人，左右指示之。思明闻有变，逾垣至厩中，自鞴马乘之，悦傔人周子俊射之，中臂，坠马，遂擒之。思明问：『乱者为谁？』悦曰：『奉怀王命。』思明曰：『我朝来语失，宜其及此。然杀我太早，何不待我克长安！今事不成矣。』悦等送思明于柳泉驿，囚之，还，报朝义曰：『事成矣。』朝义曰：『不惊圣人乎！』悦曰：『无。』时周挚、许叔冀将后军在福昌，悦等使许季常往告之，挚惊倒于地；朝义引军还，挚、叔冀来迎，悦等劝朝义执挚，杀之。军至柳泉，悦等恐众心未壹，遂缢杀思明，以毡裹其尸，橐驼负归洛阳。朝义即皇帝位，改元显圣。

注释 ①逆旅：旅店。②圣人：臣、子对君、父的称呼。

译文 史思明为人喜欢猜忌别人，残忍好杀，部属一旦稍微不让他满意，便动不动被诛九族，人人都感到危险不能自保。史朝义是史思明的长子，经常跟随史思明带兵，比较恭谦谨慎，爱惜士兵，将士们多归心于他，但史朝义没有受到史思明的宠爱。史思明偏爱小儿子史朝清，派他镇守范阳，并时常想杀掉史朝义，立史朝清为太子，史思明的随从对他的打算颇有泄露。史思明已经击败李光弼的军队，想乘胜西进入关，便派遣史朝义率兵作为前锋，自北道袭击陕城，史思明亲率大军自南道进攻。唐肃宗上元二年（七六一年）三月，甲午（初九），史朝义军至礓子岭，遭到唐军卫伯玉的反击而失败。史朝义数次进攻，均被卫伯玉打败。史思明退守永宁，认为史朝义怯懦，说：『史朝义还是不足以成就我的大业。』想要按军法斩杀史朝义及诸位将领。戊戌（十三日），史思明命令史朝义修筑三隅城，打算贮存军粮，限期一天修完。史朝义修筑完毕，尚未抹泥，史思明来到，大肆怒骂史朝义，命令随从骑在马上监督抹泥，片刻之间完成。史思明又说：『等到陕州被攻克了，最终要杀了这个小贼。』史朝义又担忧又害怕，不知所措。

史思明停留在鹿桥驿，让亲信大将曹将军带兵宿卫。史朝义住在旅馆，他的部下骆悦、蔡文景游说史朝义说：『我们和大王您死期要到了。从古到今废立君王的事情时有发生，请您召见曹将军商量这件事。』史朝义低着头，没有回答。骆悦等人又说：『您假如不允许的话，我们今天就归附李氏，那么您也就完了。』

◎唐纪·安史之乱平定

史朝义哭着说：『诸位好好处理这件事，不要惊吓我父亲！』骆悦等人就命令许叔冀的儿子许季常去召见曹将军，他来到后，就将他们的计划告诉了他。曹将军知道诸位将领都心怀怨恨，害怕自己受害，不敢违抗。这天傍晚，骆悦等人率领史朝义部下三百名兵，穿着铠甲前往驿馆请求觐见史思明，宿卫兵卒觉得奇怪，但害怕曹将军，不敢轻举妄动。骆悦等人带兵闯入史思明的卧室，正好史思明上厕所，于是问他身边的人，没等他们回答，骆悦已经杀掉了好几个人，史思明身边的人指出了他的去向。史思明听到情况有变，跳墙来到马厩里，自己驾马逃跑，骆悦的侍从周子俊发箭，射中手臂，史思明坠落马下，于是被他们抓住。史思明问道：『谁在作乱？』骆悦回答说：『奉怀王史朝义的命令。』史思明说：『早晨我说话失口，应该得到这样的下场。但是这样杀我太早了，为什么不等到攻克长安呢！如今不能成就大业了。』骆悦等人押送史思明到柳泉驿囚禁起来，回去禀报史朝义说：『事情成功了！』史朝义说：『没有惊吓到我父亲吧？』骆悦说：『没有！』当时周挚、许叔冀率领后军驻扎在福昌，骆悦等人派许季常前去通告此事，周挚惊倒在地。史朝义率领军队回来，周挚，许叔冀出来迎接，骆悦等人劝史朝义拿下周挚，将他杀掉。史朝义领军到达柳泉，骆悦等人担心众人心思不同，于是用绳子吊死了史思明，用毡毯裹住他的尸体，用骆驼背着运回洛阳。史朝义登基称帝，改元显圣。

（宝应元年）上遣中使刘清潭使于回纥，修旧好，且征兵讨史朝义。（十月）戊辰，诸军发陕州，仆固怀恩与回纥左杀为前锋，陕西节度使郭英乂、神策观军容使鱼朝恩为殿，自渑池入；潞泽节度使李抱玉自河阳入；河南等道副元帅李光弼自陈留入；雍王留陕州。

壬申，官军至洛阳北郊，分兵取怀州；癸酉，拔之。乙亥，官军陈于横水。贼众数万，立栅自固，怀恩陈于西原以当之。遣骁骑及回纥并南山出栅东北，表里合击，大破之。朝义悉其精兵十万救之，陈于昭觉寺，官军骤击之，杀伤甚众，而贼陈不动；鱼朝恩遣射生五百人力战，贼虽多死者，陈亦如初。镇西节度使马璘曰：『事急矣！』遂单骑奋击，夺贼两牌①，突入万众中。贼左右披靡，大军乘之而入，贼众大败；转战于石榴园、老君庙，贼又败；人马相蹂践，填尚书谷，斩首六万级，捕虏二万人，朝义将轻骑数

百东走。怀恩进克东京及河阳城，获其中书令许叔冀、王伷等，承制释之。怀恩留回纥可汗营于河阳，使其子右厢兵马使玚及朔方兵马使高辅成帅步骑万余乘胜逐朝义，至郑州，再战皆捷。朝义至汴州，其陈留节度使张献诚闭门拒之，朝义奔濮州，献诚开门出降。

史朝义走至贝州，与其大将薛忠义等两节度合，仆固玚追之至临清。朝义自衡水引兵三万还攻之，玚设伏击走之。回纥又至，官军益振，遂逐之；大战于下博东南，贼大败，积尸拥流而下。朝义奔莫州。怀恩都知兵马使薛兼训、兵马使郝廷玉与田神功、辛云京会于下博，进围朝义于莫州，青淄节度使侯希逸继至。

（广德元年正月）史朝义屡出战，皆败，田承嗣说朝义，令亲往幽州发兵，还救莫州，承嗣自请留守莫州。朝义从之，选精骑五千自北门犯围而出。朝义既去，承嗣即以城降，送朝义母、妻、子于官军。于是仆固玚、侯希逸、薛兼训等帅众三万追之，及于归义，与战，朝义败走。

时朝义范阳节度使李怀仙已因中使骆奉仙请降，遣兵马使李抱忠将兵三千镇范阳县，朝义至范阳，不得入。官军将至，朝义遣人谕抱忠以大军留莫州、轻骑来发兵救援之意，因责以君臣之义，抱忠对曰：『天不祚燕，唐室复兴，今既归唐矣，岂可更为反复，独不愧三军邪！大丈夫耻以诡计相图，愿早择去就以谋自全。且田承嗣必已叛矣，不然，官军何以得至此！』朝义大惧，曰：『吾朝来未食，独不能以一餐相饷乎！』抱忠乃令人设食于城东。于是范阳人在朝义麾下者，并拜辞而去，朝义涕泣而已，独与胡骑数百既食而去。东奔广阳，广阳不受；欲北入奚、契丹，至温泉栅，李怀仙遣兵追及之。朝义穷蹙，缢于林中，怀仙取其首以献。仆固怀恩与诸军皆还。

（闰月）癸亥，以史朝义降将薛嵩为相、卫、邢、洺、贝、磁六州节度使，田承嗣为魏、博、德、沧、瀛五州都防御使，李怀仙仍故地为幽州、卢龙节度使。时河北诸州皆已降，嵩等迎仆固怀恩，拜于马首，乞行间自效；怀恩亦恐贼平宠衰，故奏留嵩等及李宝臣分帅河北，自为党援。朝廷亦厌苦兵革，苟冀无事，因而授之。

注释 ①牌：古代兵士在战争时用来遮护身体的工具。

译文 唐代宗宝应元年（七六二年），唐代宗李豫派遣中使刘清潭出使回纥，想恢复曾经的友好关系，并征调回纥兵力帮助讨伐史朝义。十月戊辰（二十三日），各路军队从陕州出发，仆固怀恩与回纥左杀为前锋，陕西

节度使郭英乂、神策观军容使鱼朝恩殿后，从渑池进攻洛阳，潞泽节度使李抱玉从河阳出发进攻洛阳，河南等道副元帅李光弼则从陈留进攻。雍王李适在陕州留守。

十月二十七日，朝廷官军抵达洛阳城的北郊，并分兵攻打怀州。二十八日，怀州被攻下。十月三十日，官军在横水布下阵势，叛军有数万人，纷纷设置栅栏固守。仆固怀恩在西原布阵抵挡叛军。又派遣劲骑以及回纥军队出南山攻到栅栏东北，里外合击，将叛军打得大败。史朝义率领他所有的精锐部队十万人前去救援，在昭觉寺布阵，官军急速冲击敌阵，杀伤很多敌军，但贼军阵势仍然没有动摇。鱼朝恩派遣射生军五百人奋力冲杀，虽然叛军死者众多，但阵势仍如当初。镇西节度使马璘说：『事情危急了。』单枪匹马奋起攻击，从叛军手中夺得两块盾牌，冲入千军万马之中，叛军纷纷溃退，大部队乘机突入敌阵，叛军大败。双方转战到石榴园、老君庙一带，叛军又遭惨败，人马互相践踏，填满了尚书谷。官军杀死六万人，捕获两万人，史朝义仅率领数百名轻骑向东逃窜。仆固怀恩进而攻克东京以及河阳城，抓获史朝义的中书令许叔冀、王伷等人，遵照代宗的制令又将他们释放了。仆固怀恩留在河阳回纥可汗的营帐中，派他的儿子右厢兵马使仆固玚以及朔方兵马使高辅成率领步、骑兵一万多人乘胜追击史朝义，到达郑州时，又与叛军交战，都取得了胜利。史朝义逃奔到汴州城，他的属下陈留节度使张献诚闭门不让他入城。史朝义又逃到濮州，张献诚投降官军。

史朝义又逃到贝州，和大将薛忠义等两位节度使会合，仆固玚穷追不舍到了临清县。有新兵马补充的史朝义从衡水率三万人马回师反攻，不料被仆固玚的伏兵击败。此时回纥军队又抵达临清县，官军势力更加壮大，于是追击史朝义。在下博县东南双方大战，贼军大败，成堆的尸体随着河流冲走了。史朝义逃往莫州。仆固怀恩的部下都知兵马使薛兼训、兵马使郝廷玉先在下博与田神功、辛云京会合，然后进军莫州，合军围攻史朝义，青淄节度使侯希逸随后也赶到。

唐代宗广德元年（七六三年）正月，史朝义屡战屡败，田承嗣便劝史朝义前往幽州征调部队，然后回师救援莫州。而田承嗣则留守莫州。史朝义采纳了他的建议，挑选五千精锐骑兵从北门冲出包围。史朝义离去之后，田承嗣马上举城投降，将史朝义的母亲、妻子、儿子一起送到官军那儿。于是城下的仆固玚、侯希逸、薛兼训等人领兵三万前往追赶史朝义，在归义县追上交战，史朝义再次战败逃走。

当时史朝义部下范阳节度使李怀仙已经通过骆奉仙向朝廷表示请降，并派李抱忠率领三千人镇守范阳。等史朝义来到范阳的时候已经晚了，李抱忠不肯让他入城。官军即将追到，史朝义派人将大部队留在莫州，轻装骑兵前来征调军队救援的意图告诉了李抱忠，并且用君臣道理责备他，李抱忠回答说：『老天不让燕人做皇帝，唐室又复兴了，今天既然已经归顺唐朝，难道可以再反复，就不愧对三军将士吗？大丈夫以诡计相图为可耻，但愿你能早点选择后路，考虑保全自己。况且田承嗣一定已经叛变了，不然的话，官军怎么能够追到这里呢！』史朝义十分害怕，说：『从早晨以来，我们滴水未进，难道不能让我们吃一顿饭吗？』李抱忠便让人在城东供应膳食。于是史朝义手下的范阳人一起向史朝义叩拜辞别而去，史朝义只是痛哭流涕而已，吃罢饭，独自与数百名胡人骑兵离去。史朝义向东奔赴广阳，广阳也不接收他们。史朝义想北逃进入奚、契丹的境内，当他来到温泉栅时，李怀仙已经派兵追上了他们。史朝义走投无路，只好在树林中上吊自杀。李怀仙把史朝义的头颅割了下来，送往长安，于是仆固怀恩等各路人马也都回军。

闰正月，癸亥（十九日），唐代宗封降将，原史朝义部下薛嵩为相、卫、邢、洺、贝、磁等六州节度使；田承嗣为魏、博、德、沧、瀛五州都防御使，李怀仙依旧留在以前的辖区，做幽州、卢龙节度使。当时河北各州都已投降，薛嵩等人迎接仆固怀恩，在他坐骑前叩拜，恳求让他们留在军中效力，仆固怀恩也害怕贼军平定后会失宠，所以上奏让薛嵩等人以及李宝臣留下来，分别统率河北各藩镇，成为他的党羽外援。朝廷也因为战争而厌倦受苦，只希望天下相安无事，所以授权给他们分统河北诸镇。

甘露之变

（太和九年十月）乙酉，郑注赴镇。

始，郑注与李训谋，至镇，选壮士数百，皆持白棓，怀其斧，以为亲兵。是月（十一月），戊辰，王守澄葬于浐水，注奏请入护葬事，因以亲兵自随。乃奏令内臣中尉以下尽集浐水送葬，注因阖门，令亲兵斧之，使无遗类。约既定，训与其党谋：『如此事成，则注专有其功，不若使行余、璠以赴镇为名，多募壮士为部曲，并用金吾、台府吏卒，先期诛宦者，已而并注去之。』行余、璠、立言、约及中丞李孝本，皆训素所厚也，故列置要地，独与是数人及舒元舆谋之，他人皆莫之知也。

壬戌，上御紫宸殿。百官班定，韩约不报平安①，奏称：『左金吾听事后石榴夜有甘露，臣递门奏讫。』因蹈舞再拜，宰相亦帅百官称贺。训、元舆劝上亲往观之，以承天贶，上许之。百官退，班于含元殿。日加辰，上乘软舆②出紫宸门，升含元殿。先命宰相及两省官诣左仗视之，良久而还。训奏：『臣与众人验之，殆非真甘露，未可遽宣布，恐天下称贺。』上曰：『岂有是邪！』顾左、右中尉仇士良、鱼志弘帅诸宦者往视之。宦者既去，训遽召郭行余、王璠曰：『来受敕旨！』璠股栗不敢前，独行余拜殿下。时二人部曲数百，皆执兵立丹凤门外，训已先使人召之，令入受敕。独东兵入，邠宁兵竟不至。

仇士良等至左仗视甘露，韩约变色流汗，士良怪之曰：『将军何为如是？』俄风吹幕起，见执兵者甚众，又闻兵仗声。士良等惊骇走出，门者欲闭之，士良叱之，关不得上。士良等奔诣上告变。训见之，遽呼金吾卫士曰：『来上殿卫乘舆者，人赏钱百缗！』宦者曰：『事急矣，请陛下还宫！』即举软舆，迎上扶升舆，决殿后罘罳③，疾趋北出。训攀舆呼曰：『臣奏事未竟，陛下不可入宫！』金吾兵已登殿；罗立言帅京兆逻卒三百余自东来，李孝本帅御史台从人二百余自西来，皆登殿纵击，宦官流血呼冤，死伤者十余人。乘舆迤逦入宣政门，训攀舆呼益急，上叱之，宦者郗志荣奋拳殴其胸，偃于地。乘舆既入，门随阖，宦者皆呼万岁，百官骇愕散出。训知事不济，脱从吏绿衫衣之，走马而出，扬言于道曰：『我何罪而窜谪！』人不之疑。

注释 ①报平安：唐朝时一种制度，每次上朝的时候，皇帝坐上御座后，金吾将军就上奏说：『左右厢房内外一切平安。』②软舆：即轿子。③罘罳：张在窗户或屋檐下防鸟雀的网。

译文 唐文宗太和九年十月乙酉（八三五年农历十月十三日），郑注赶赴凤翔任职。

刚开始的时候，郑注和李训计划好，等到郑注到了凤翔，就精选壮士几百人作为亲兵，让每人都手持白棍，怀揣利斧。二人约定，十一月戊辰（二十七日），朝廷在浐河旁埋葬王守澄时，由郑注奏请文宗批准率兵护卫葬礼，于是便可带亲兵随从前往。同时奏请文宗命神策军护军中尉以下所有宦官都到浐河旁为王守澄送葬。届时，郑注下令关闭墓门，命亲兵用利斧砍杀宦官，全部诛除。计划已经约好，李训又和他的同党密谋说：『如果这个计划成功，那么，诛除宦官的功劳就全部归于郑注，不如让郭行余和王璠以赴邠宁、河东上任为名，多招募一些壮士，作为私兵，同时调动韩约统领的金吾兵和御史台、京兆府官吏和士卒，先于郑注一步，在京城诛除宦官，随后，把郑注除掉。』郭行余、王璠、罗立言、韩约和御史中丞李孝本这些人都是李训平时厚待的亲信，所以把他们放在重要的职位上，只和他们还有宰相舒元舆秘密谋划，其他人毫不知情。

十一月壬戌（即农历十一月二十一日），唐文宗来到紫宸殿上朝。百官按照地位高低站好之后，韩约没有按照规定报平安，而启奏说：『左金吾衙门后院的石榴树昨夜发现甘露，这是祥瑞，臣昨夜已通过守门太监向您报告过了。』于是，行舞蹈礼，再次下拜称贺，宰相也率领百官向文宗祝贺。李训、舒元舆乘机劝文宗亲自前往观看，以便承受上天赐予的祥瑞。文宗表示同意。接着，百官退下，列班于含元殿。辰时刚过，文宗乘软轿出紫宸门，到含元殿升朝，先命宰相和中书、门下两省的官员到左金吾后院察看甘露，过了很久才回来。李训奏报说：『我和众人去检查过了，不像是真正的甘露，不可匆忙向全国宣布，否则，全国各地就会向陛下祝贺。』文宗说：『难道还有这种事！』随即命左右神策军护军中尉仇士良、鱼志弘率领诸位宦官再次前往左金吾后院察看。宦官走后，李训急忙召集郭行余、王璠，说：『快来接受皇上的圣旨！』王璠紧张得两腿发抖，不敢前去，只有郭行余一人拜倒在含元殿下接旨。这个时候，两人的几百名部下都手持兵刃站在丹凤门下待命。李训已经提前派人召唤他们，颁布文宗诛杀宦官的诏书，众人接受。结果，只有郭行余率领的河东兵来了，王璠率领的邠宁兵竟没有来。仇士良率领宦官

到左金吾后院去察看甘露，韩约紧张得浑身流汗，脸色十分难看。仇士良觉得很奇怪，问：『将军为什么这样？』过了一会儿，一阵风把院中的帐幕吹起来，仇士良发现很多手执兵器的士卒，又听到兵器的碰撞声音，仇士良等一干人等大惊逃走，守门人想关门，仇士良大声怒叱，门没有关上。宦官仇士良等人急奔含元殿，向文宗报告发生兵变，被李训看见。李训急呼金吾士卒说：『快来上殿保护皇上，每人赏钱百缗！』宦官对文宗说：『事情紧急，请陛下赶快回宫！』随即抬来软轿，迎上前去搀扶文宗上轿，冲断殿后面的丝网，向北急奔而去。李训拉住文宗的软轿大声说：『我奏请朝政还没有完，陛下不可回宫！』这时，金吾兵已经登上含元殿。这时候，罗立言率领京兆府三百多名巡逻兵从东面赶来，李孝本领着御史台的随从人员共二百多人从西面奔来，一起跑入含元殿，四处诛杀宦官。宦官血流如注，大声喊冤，死伤十几个人。文宗的软轿一路向北进入宣政门，李训拉住软轿不放，呼喊更加急迫。文宗呵斥李训，宦官郗志荣乘机挥拳奋击李训的胸部，李训被打倒在地。文宗的软轿进入宣政门后，大门随即关上，宦官都大呼万岁。这时，正在含元殿上朝的百官都大吃一惊，四散而走。李训看到文宗已经被仇士良等人带入后宫，明白大势已去，便换上随从人员的低品阶的绿色官服，骑马逃亡。边跑边喊：『我犯了什么过错要遭遇贬谪！』人们也不怀疑他。

王涯、贾餗、舒元舆还中书，相谓曰：『上且开延英，召吾属议之。』两省官诣宰相请其故，皆曰：『不知何事，诸公各自便！』士良等知上豫其谋，怨愤，出不逊语，上惭惧不复言。

士良等命左、右神策副使刘泰伦、魏仲卿等各帅禁兵五百人，露刃出阁门讨贼。王涯等将会食，吏白：『有兵自内出，逢人辄杀！』涯等狼狈步走，两省及金吾吏卒千余人填门争出；门寻阖，其不得出者六百余人皆死。士良等分兵闭宫门，索诸司，捕贼党。诸司吏卒及民酤贩在中者皆死，死者又千余人，横尸流血，狼藉涂地，诸司印及图籍、帷幕、器皿俱尽。又遣骑各千余出城追亡者，又遣兵大索城中。

舒元舆易服单骑出安化门，禁兵追擒之。王涯徒步至永昌里茶肆，禁兵擒入左军。涯时年七十余，被以桎梏，掠治不胜苦，自诬服，称与李训谋行大逆，尊立郑注。王璠归长兴里私第，闭门，以其兵自防。神策将至门，呼曰：『王涯等谋反，欲起尚书为相，鱼护军令致意！』璠喜，出见之。将趋贺再三，璠知见绐，涕泣而行；至左军，见王涯曰：『二十兄自反，胡为见引？』涯曰：『五弟昔为京兆尹，不漏言于王守澄，岂有今日邪！』璠俯首不言。又收罗立言于太平里，及涯等亲属奴婢，皆入两军系之。户部员外郎李元皋，训之再从弟也，训实与之无恩，亦执而杀之。故岭南节度使胡证，家巨富，禁兵利其财，托以搜贾餗入其家，执其子溵，杀之。又入左常侍罗让、詹事浑锣、翰林学士黎埴等家，掠其赀财，扫地无遗。坊市恶少年因之报私仇，杀人，剽掠百货，互相攻劫，尘埃蔽天。

译文 王涯、贾餗和舒元舆回到中书省府衙，商量说：『过不了多久皇上就会打开延英殿大门，召我们上殿议政的。』中书、门下两省的官员来问王涯三人，到底发生了什么事？三人都说：『我们也不知怎么回事，诸位各自随便先去吧！』仇士良等宦官知道文宗参与了李训的密谋，十分愤恨，在文宗面前出语不逊。唐文宗又是惭愧又是害怕，不再言语。

仇士良等宦官让左右神策军副使刘泰伦、魏仲卿等人，各自率领五百禁兵，手持兵器冲出紫宸殿，诛杀参与甘露之变的逆党。这时，王涯等宰相在政事堂正要吃饭，忽然有官吏报告说：『有一大群士兵从宫中冲出，逢人就杀！』王涯等人狼狈逃奔。中书、门下两省和金吾卫的士卒和官吏一千多人争着向门外逃跑。不一会儿，大门被关上，尚未逃出的六百多人全被杀死。仇士良下令分兵关闭各个宫门，搜查南衙各司衙门，逮捕贼党。各司的官吏和担负警卫的士卒，以及正在里面卖酒的百姓和商人一千多人全部被杀，尸体狼藉，流血遍地。各司的大印、地图和户籍档案、衙门的帷幕和办公用具被捣毁、抄掠一空。又派遣左、右神策军各一千余名骑兵，冲出城外追捕逃窜之人，还在城中大肆搜捕逆贼同党。

舒元舆变换服装后，一个人骑马出了安化门，被禁兵追赶擒获。王涯步行到永昌里的一个茶馆，被禁兵逮捕，押送到左神策军中。王涯这时已七十多岁，被戴上脚镣手铐，遭受毒打，无法忍受，因而违心地承认了和李训一起谋反，企图拥立郑注为皇帝。王璠回到长兴里家中后，闭门不出，用招募的私兵防卫。神策将前来搜捕，到他的门口时，大声喊道：『王涯等人谋反，朝廷打算任命您为宰相，护军中尉鱼志弘派我们来向您致意！』王璠大喜，马上出来相见。神策军的将领一而再，再而三地恭祝他高升为相，王璠终于发现自己被骗，边走边流泪。到了左神策军中，见到王涯，王璠

说：『你参与谋反，为什么要牵连我？』王涯说：『你过去担任京兆尹时，如果不把宋申锡诛除宦官的计划透露给王守澄，哪里会发生今天的事！』王璠自知理亏，低头不语。神策军又在太平里逮捕了罗立言，以及王涯的亲属奴婢，都关押在左、右神策军中。户部员外郎李元皋是李训的远房表弟，其实李训并没有提拔重用他，也被逮捕杀死。前岭南节度使胡证是京城的巨富，禁军士卒想掠夺他的财物，借口说贾餗藏在他家，进行搜查，把他的儿子胡溵抓住杀死。禁军又到左常侍罗让、詹事浑铋、翰林学士黎埴等人的家中掠夺财产，没有遗漏。长安城坊间的恶少们也趁乱报私仇，有的杀人、有的抢劫各种财货，甚至互相劫掠，城中乱作一团，尘埃漫天。

（十一月）癸亥，百官入朝，日出，始开建福门，唯听以从者一人自随，禁兵露刃夹道。至宣政门，尚未开。时无宰相御史知班，百官无复班列。上御紫宸殿，问：『宰相何为不来？』仇士良曰：『王涯等谋反系狱。』因以涯手状呈上，召左仆射令狐楚、右仆射郑覃等升殿示之。上悲愤不自胜，谓楚等曰：『是涯手书乎？』对曰：『是也！』『诚如此，罪不容诛！』因命楚、覃留宿中书，参决机务。使楚草制宣告中外。

贾餗变服潜民间经宿，自知无所逃，素服乘驴诣兴安门，自言：『我宰相贾餗也，为奸人所污①，可送我诣两军！』门者执送西军。李孝本改衣绿，犹服金带，以帽障面，单骑奔凤翔，至咸阳西，追擒之。

李训素与终南僧宗密善，往投之。宗密欲剃其发而匿之，其徒不可。训出山，将奔凤翔，为盩厔镇遏使宋楚所擒，械送京师。至昆明池，训恐至军中更受酷辱，谓送者曰：『得我则富贵矣！闻禁兵所在搜捕，汝必为所夺，不若取我首送之！』送者从之，斩其首以来。

（乙丑）左神策出兵三百人，以李训首引王涯、王璠、罗立言、郭行余，右神策出兵三百人，拥贾餗、舒元舆、李孝本献于庙社②，徇于两市③。命百官临视，腰斩于独柳之下，枭其首于兴安门外，亲属无问亲疏皆死，孩稚无遗，妻女不死者没为官婢。时数日之间，杀生除拜，皆决于两中尉，上不豫知。

先是，郑注将亲兵五百，已发凤翔，至扶风。扶风令韩辽知其谋，不供具，携印及吏卒奔武功。注知训已败，复还凤翔。仇士良等使人赍密敕授凤翔监军张仲清令取注，仲清惶惑，不知所为。押牙李叔和说仲清曰：『叔和为公以好召注，屏其从兵，于坐取之，事立定矣！』仲清从之，伏甲以待注。注恃其兵卫，遂诣仲清。叔和稍引其从兵，享之于外，注独与数人入。既啜茶，叔和抽刀斩注，因闭外门，悉诛其亲兵。乃出密敕，宣示将士，遂灭注家，并杀副使钱可复、节度判官卢简能、观察判官萧杰、掌书记卢弘茂等及其枝党，死者千余人。朝廷未知注死，丁卯，诏削夺注官爵，令邻道按兵观变。以左神策大将军陈君奕为凤翔节度使。戊辰夜，张仲清遣李叔和等以注首入献，枭于兴安门，人情稍安，京师诸军始各还营。

注释 ①污：污蔑、诬告。②庙社：太庙、太社。③两市：长安城中东市、西市。

译文 十一月癸亥（农历十一月二十三日），百官天还没亮便进入宫中等候上朝，太阳出来后，大明宫丹凤门右面的建福门方才打开。宫中传话说，百官每人只准带一名随从进门。里面禁军手持刀枪，夹道防卫。到宣政门时，大门尚未打开。这时，由于没有宰相和御史大夫率领，百官队伍混乱，不成班列。唐文宗亲临紫宸殿，问：『宰相怎么没有来？』仇士良回答：『王涯等人谋反，已经被逮捕入狱。』说着将王涯亲手写的供状呈现给文宗过目，文宗召唤左仆射令狐楚、右仆射郑覃上殿，把供状给他们看，问他们：『这是王涯亲手写的吗？』二人回答说：『是！』文宗说：『如果真的这样，那就罪不容诛！』于是，命令二人留在政事堂，参予决策朝廷大政方针。让令狐楚草拟诏书，通知朝廷内外李训、王涯等人谋反被诛。

贾餗变换服装在平民家中躲避了一夜，知道始终没有办法逃脱，就换上丧服，骑驴来到兴安门，说：『我是宰相贾餗，被奸人所污蔑，你们把我抓起来送到左右神策军去吧！』守门人随即把他押送到右神策军中。李孝本改换六品、七品官员穿的绿色官服，但仍旧系着只有五品以上官员才能穿戴的金带，用帽子遮住脸，一个人骑着马直奔凤翔，打算投靠郑注。到了咸阳城西，被追兵逮捕。李训平时和终南山的宗密和尚关系好，就前往终南山投奔宗密。宗密打算给李训剃度，假装寺庙和尚来藏匿。他的徒弟们都认为不妥。李训只好出山，打算前往凤翔投靠郑注，被盩厔镇遏使宋楚逮捕，戴上脚镣手铐，押送京城。走到昆明池，李训恐怕到神策军后被毒打污辱，便对押送他的人说：『无论谁抓住我都能得到重赏而富贵！听说禁军到处搜捕，他们肯定会把我夺走。不如把我杀

了，拿我的首级送到京城！』押送之人听从了他的建议，斩下他的头颅携带着来到京城。

乙丑日（二十四日），左神策军出动三百名兵丁，捧着李训的头颅为队伍之首，后面跟着王涯、王璠、罗立言、郭行余，右神策军也出动三百兵丁，押解着贾竦、舒元舆、李孝本等人到太庙和太社献祭，然后到东市、西市游街示众。在京城独柳树下把他们腰斩，首级挂在兴安门外示众。李训等人的亲属不管亲疏老幼，全部被杀。妻子女儿没有死的，没收作为官员的奴婢。当时这几天的时间之内，朝廷官员的生死任免，都取决于左右两位神策军的中尉，皇帝唐文宗毫不知情。

在这些事情发生之前，郑注已经带领五百名亲兵从凤翔出发，到了扶风县。扶风县令韩辽知道他的计谋，不提供器具，自己带着官印协同下属官员逃到武功城去了。这时，郑注得到李训失败的消息，于是，又返回凤翔。仇士良等人派人携带文宗的密敕授予凤翔监军张仲清，命令他诛除郑注。张仲清疑惧不知所措。押牙李叔和劝张仲清说：『我以您的名义用好言好语召来郑注，然后设计退下他的亲兵，在坐席把他杀死，叛乱即刻就可平定！』张仲清同意，于是，设下伏兵等待郑注。郑注依恃他的亲兵，因而也不怀疑，径直进入凤翔城来见张仲清。李叔和逐渐把郑注的卫兵引诱到门外用餐，郑注只和几个人进入院内。等到郑注喝完茶，李叔和抽出刀将他斩首。然后关上外面的门，把郑注带来的亲兵全部杀了。李叔和这才拿出文宗的密诏，出示给将士们看。接着，杀死郑注的家眷，以及节度副使钱可复、节度判官卢简能、观察判官萧杰、掌书记卢弘茂等人和他们的同党，总共一千多人。这时，朝廷还不知道郑注已经被杀。丁卯（二十六日），文宗下诏，免去郑注的职务和爵位，命令与凤翔邻近的藩镇按兵不动，观察凤翔城中的动静。同时，任命左神策大将军陈君奕为凤翔节度使。戊辰（二十七日）夜晚，张仲清派李叔和等人前往京城献上郑注的首级，朝廷命挂在兴安门上示众。京城人心才逐渐安定下来，京师各个军队也各自回营。

黄巢起义

自懿宗以来，奢侈日甚，用兵不息，赋敛愈急。关东连年水旱，州县不以实闻，上下相蒙，百姓流殍，无所控诉，相聚为盗，所在蜂起。州县兵少，加以承平日久，人不习战，每与盗遇，官军多败。是岁（乾符元年），濮州人王仙芝始聚众数千，起①于长垣。

（乾符二年）王仙芝及其党尚君长攻陷濮州、曹州，众至数万；天平节度使薛崇出兵击之，为仙芝所败。冤句人黄巢亦聚众数千人应仙芝。巢少与仙芝皆以贩私盐为事，巢善骑射，喜任侠，粗涉书传，屡举进士不第，遂为盗，与仙芝攻剽州县，横行山东，民之困于重敛者争归之，数月之间，众至数万。

群盗侵淫，剽掠十余州，至于淮南，多者千余人，少者数百人；诏淮南、忠武、宣武、义成、天平五军节度使、监军亟加讨捕及招怀。十二月，王仙芝寇沂州，平卢节度使宋威表请以步骑五千别为一使，兼帅本道兵所在讨贼。仍以威为诸道行营招讨草贼使，仍给禁兵三千、甲骑五百。因诏河南方镇所遣讨贼都头并取威处分。

（乾符三年七月）宋威击王仙芝于沂州城下，大破之，仙芝亡去。威奏仙芝已死，纵遣诸道兵，身还青州。居三日，州县奏仙芝尚在，攻剽如故。时兵始休，诏复发之，士皆忿怨思乱。八月，仙芝陷阳翟、郏城。仙芝进逼汝州，诏邠宁节度使李侃、凤翔节度使令狐绹选步兵一千、骑兵五百守陕州、潼关。

（九月）丙子，王仙芝陷汝州，执刺史王镣。东都大震，士民挈家逃出城。乙酉，敕赦王仙芝、尚君长罪，除官，以招谕之。（十二月）王仙芝攻蕲州。乃以仙芝为左神策军押牙兼监察御史，遣中使以告身②即蕲州授之。仙芝得之甚喜。未退，黄巢以官不及己，大怒曰：『始者共立大誓，横行天下，今独取官赴左军，使此五千余众安所归乎！』因殴仙芝，伤其首，其众喧噪不已。仙芝畏众怒，遂不受命，大掠蕲州，城中之人，半驱半杀，焚其庐舍。贼乃分其军三千余人从仙芝及尚君长，二千余人从巢，各分道而去。

（乾符五年正月）壬寅，招讨副使曾元裕大破王仙芝于申州东，所杀万人，招降散遣者亦万人。敕以宋威久病，罢招讨使，还青州；以曾元裕为招讨使，颍州刺史张自勉为副使。曾元裕奏大破王仙芝于黄梅，杀五万余人，追斩仙芝，传首，余党散去。

注释 ①起：揭竿而起，起义。②告身：委任官职的文凭。

译文 从唐朝懿宗开始，皇室一天比一天奢侈，不断出兵发动战事，更加急切地对百姓征收赋税。潼关以东地区连年水旱灾害，州县官吏不以实情上报朝廷，上下蒙骗，百姓大批饿死，处于水深火热中的农民无处控诉，只好相聚为盗，以求生路，于是到处盗贼成群，犹如蜂起云涌。唐地方州县的兵员很少，加上过了很长一段时间的太平日子，一般人也久不习惯于战事，每次遭遇盗贼，官军多半被打败。唐僖宗乾符元年（即公元八七四年），濮州人（今山东鄄城北人）王仙芝聚集了一千多人在长垣县揭竿而起。

唐僖宗乾符二年六月（八七五年农历六月）王仙芝和起义的同党尚君长攻陷了濮州和曹州，队伍不断壮大，有数万人之多。唐天平军节度使薛崇出兵讨伐，被王仙芝打败。冤句人黄巢也聚集了数千人响应王仙芝。黄巢少年时与王仙芝都以贩私盐为生，黄巢善于骑马射箭，性格豪爽任侠，粗略地涉猎了史传经书，但屡次参加进士科考均未及第，于是成为盗贼，与仙芝一起攻城略地，势力遍布山东，被朝廷沉重赋税压迫得毫无生计的百姓争相投靠他，短短几月间，他的部队扩展到几万人。

全国各地的叛贼势力也逐渐猖獗，他们四处攻城略地，占领了十多个州，势力范围扩展到了淮南，多的队伍有上千人，少的也有几百人。唐僖宗颁下诏书命令淮南、忠武、宣武、义成、天平等五军节度使、监军迅速加以征讨搜捕，并用计怀柔招抚。十二月，王仙芝率军侵入沂州，平卢节度使宋威上表，请求皇帝给他五千步、骑兵，命他为招讨使，让他兼领本道兵在盗贼众多的地方进行征讨。朝廷于是任命宋威为诸道行营招讨草贼使，并调发禁兵三千人、铁甲骑兵五百人交宋威指挥。唐僖宗又下诏，命令河南各大方镇派出的讨贼军都头听从宋威指挥安排。

唐僖宗乾符三年七月（八七六年农历七月），宋威在沂州城下攻击王仙芝大获全胜，王仙芝逃脱了。宋威上奏称王仙芝已死，请将诸道讨贼军遣还，自己回到青州。过了三天，州、县上奏称王仙芝仍然生存，并且和原先一样攻剽州县。当时诸道兵刚开始休整，即又得到诏命被调发去追剿，士兵几经折腾，也都愤怒怨恨，一心想造反作乱。八月，王仙芝率军攻陷阳翟、郏城。王仙芝进犯汝州，唐僖宗下诏令邠宁节度使李侃、凤翔节度使令狐绹挑选出一千名步兵和五百名骑兵镇守陕州、潼关。

九月丙子日（即九月初二），王仙芝攻破汝州城池，生擒汝州刺史王镣消息传来，东都洛阳人心震动，一片惊慌，士民携带家眷争先恐后地逃出城去。乙酉（十一日），颁下诏敕赦免王仙芝、尚君长的罪，给二人任以官爵，企图招降他们。十二月，王仙芝率军攻蕲州。唐僖宗任命他为左神策军押牙兼监察御史，并派一名宦官，带着即授官文书到蕲州颁给王仙芝。王仙芝得到委任状欢喜万分，王镣、裴均来祝贺。王仙芝等尚未退出蕲州，黄巢以朝廷给官没有自己的份，勃然大怒，斥责王仙芝：『开始的时候我和你一起立誓要率兵横行天下，现在你一个人获得朝廷封的官爵，要去长安做禁军左军军官，你这样叫我们五千多名兄弟何去何从？』愤怒之余，黄巢竟殴打王仙芝，将王仙芝的头打伤，其余部众也喧闹不已。王仙芝畏惧士众的怒气，于是不接受唐廷的委任状，在蕲州大肆剽掠，蕲州城内的百姓，一半被驱出城外，一半被屠杀，居民的房屋被焚毁。叛军因此也分裂成两队人马，三千人跟随王仙芝和尚君长，两千人追随黄巢北上。

唐僖宗乾符五年正月壬寅日（八七八年农历正月初六），唐招讨副使曾元裕在申州城东大败王仙芝部队，杀敌一万，招降散遣也有一万人。唐僖宗下诏，以宋威生病许久为理由，罢免他招讨草贼使的职务，归还青州本镇。任命曾元裕为招讨使，颍州刺史张自勉为招讨副使。曾元裕上奏朝廷说自己在黄梅大败王仙芝，斩首五万多，并追杀了王仙芝，将王仙芝的头颅送到京城，王仙芝的余党大都溃散了。

点评 懿宗骄纵奢侈而无节度，贼害暴虐而无忌惮。不为朝廷惜名器，将辅弼重任委寄于嬖幸之人；不为国家惜财用，将四海膏脂，匮竭于淫乐之费，以致民怨于下而己不知，神怒于上而己不恤。李氏宗社之亡，于此决矣。（张居正）

（乾符五年二月）黄巢方攻亳州未下，尚让帅仙芝余众归之，推巢为主，号冲天大将军，改元王霸，署官属。巢袭陷沂州、濮州。

三月，群盗陷朗州、岳州。曾元裕屯荆、襄，黄巢自滑州略宋、汴，乃以副使张自勉充东南面行营招讨使。黄巢攻卫南①，遂攻叶、阳翟。诏发河阳兵千人赴东都，与宣武、昭义兵二千人共卫宫阙；以左神武大将军刘景仁充东都应援防遏使，并将三镇兵，仍听于东都募兵二千人。又诏曾元裕将兵径还东都，发义成

兵三千守镮辕、伊阙、河阴、武牢。黄巢引兵渡江，攻陷虔、吉、饶、信等州。

（七月）黄巢寇宣州，宣歙观察使王凝拒之，败于南陵。巢攻宣州不克，乃引兵攻浙东，开山路七百里，攻剽福建诸州。十二月，甲戌，黄巢陷福州，观察使韦岫弃城走。

（乾符六年）镇海节度使高骈遣其将张璘、梁缵分道击黄巢，屡破之，降其将秦彦、毕师铎、李罕之、许勍等数十人；巢遂趣广南。

黄巢与浙东观察使崔璆、岭南东道节度使李迢书，求天平节度使，二人为之奏闻；朝廷不许。巢复上表求广州节度使，亦不许，乃议别除官。六月，宰相请除巢府率，从之。九月，黄巢得率府率告身，大怒，诟执政，急攻广州，即日陷之。

黄巢在岭南，士卒罹瘴疫死者什三四，其徒劝之北还以图大事，巢从之。自桂州编大筏数十，乘暴水，沿湘江而下，历衡、永州，癸未，抵潭州城下。李系婴城不敢出战，巢急攻，一日，陷之，系奔朗州。巢尽杀戍兵，流尸蔽江而下。尚让乘胜进逼江陵，众号五十万。时诸道兵未集，江陵兵不满万人，王铎留其将刘汉宏守江陵，自帅众趣襄阳，云欲会刘巨容之师。

黄巢北趣襄阳，刘巨容与江西招讨使淄州刺史曹全晸合兵屯荆门以拒之。贼至，巨容伏兵林中，全晸以轻骑逆战，阳不胜而走，贼追之，伏发，大破贼众，乘胜逐北，比至江陵，俘斩其什七八。巢与尚让收余众渡江东走。全晸渡江追贼，会朝廷以泰宁都将段彦谟代为招讨使，全晸亦止。由是贼势复振，攻鄂州，陷其外郭，转掠饶、信、池、宣、歙、杭十五州，众至二十万。

注释 ①卫南：古地名，即今河南滑县东北。

译文 唐僖宗乾符五年二月（即公元八七八年农历二月），黄巢攻打亳州正没办法攻下的时候，尚让率领王仙芝的余党归附他，推举黄巢为盟主，称『冲天大将军』，改年号为『王霸』，仿照朝廷设置官吏职署。又领兵攻陷沂州、濮州。

农历三月，乱贼们攻克了朗州和岳州城池。唐招讨使曾元裕在荆州、襄州屯兵驻扎，黄巢则从滑州侵掠宋、汴两州，朝廷于是以招讨副使张自勉充任东南面行营招讨使。黄巢率军进攻卫南县，接着进攻叶县、阳翟等县。唐僖宗下诏征召一千名河阳的兵卒开赴东都洛阳，和其他两千宣武、昭义的士兵共同守卫皇宫。又任命左神武大将军刘景仁充任东都应援防遏使，并且统帅河阳、宣武、昭义三镇军队，同时听任在东都招募二千兵员。僖宗又下诏命曾元裕将兵直接归还东都，调发义成兵三千人守卫镮辕、伊阙、河阴、武牢。黄巢率领军队渡过长江，攻陷虔、吉、饶、信等四州。

七月，黄巢入寇宣州城，宣歙观察使王凝交战不敌，在南陵被打败。黄巢攻宣州未能攻克，引兵转攻浙东，开辟山路七百里，进入福建，攻剽诸州。十二月，甲戌（十三日），黄巢占领福州，观察使韦岫弃城而逃。

（唐僖宗乾符六年，即八七九年）镇海节度使高骈派遣他的部下将领张璘、梁缵分道击黄巢，屡破之，黄巢部下将领秦彦、毕师铎、李罕之、许勍等数十人投降高骈。黄巢于是率兵进取广南。

黄巢给浙东观察使崔璆、岭南东道节度使李迢写了封信，求朝廷封自己为天平节度使，二人替他向朝廷奏报，朝廷不答应；黄巢再向朝廷上表乞求广州节度使的职位，僖宗也不答应，而让大臣们议论给黄巢其他官职。六月，宰相们提出可任黄巢为率府率，唐僖宗表示同意。九月，黄巢得到率府率的聘任文书后大怒，大骂当权者，领兵加紧攻打广州，当天就攻克了。

黄巢在岭南的时候，手下士兵患上瘴疫病死的多达十分之三四，其部下劝他挥师北上以图谋大事，黄巢听从了他们的意见。于是自桂州编制大木筏数十个，乘洪水沿湘江顺流而下，穿过衡州、永州，癸未（二十七日），抵达潭州城下。李系紧把城门不敢出来迎战，黄巢急攻一日，将城攻陷，李系逃奔朗州。黄巢将潭州戍兵全部杀死，将尸体抛入湘江顺流而下，以致死尸把江面都堵住了。尚让率军乘胜进逼江陵，号称五十万。这时各道的兵力还没有集结一处，江陵的兵马不到一万

人，王铎留遣部将刘汉宏镇守江陵，自己帅兵前往襄阳，说是要和刘巨容会师。

黄巢率兵往北进攻襄阳，刘巨容和江西招讨使淄州刺史曹全晸会合，屯兵荆门拒敌。贼军赶到，刘巨容在林中埋下伏兵，曹全晸率轻骑迎战，假装不胜而走，贼军追赶，伏兵齐发，大破贼军，并乘胜追逐到江陵，俘虏和斩杀贼军十分之七八。黄巢与尚让收集余众渡过长江向东转移。曹全晸率军渡过长江追赶贼军，恰好朝廷任命泰宁都将段彦谟代曹全晸为招讨使，于是曹全晸也停止了追击。因为这样，叛军的势力能够重新得到振作，他们攻打鄂州，攻陷鄂州外城，转而攻掠饶、信、池、宣、歙、杭等十五州，部队人数达到二十万之多。

淮南节度使高骈遣其将张璘等击黄巢屡捷，威望大振，朝廷深倚之。（广明元年四月）张璘渡江击贼帅王重霸，降之；屡破黄巢军，巢退保饶州，别将常宏以其众数万降。璘攻饶州，克之，巢走。

黄巢屯信州，遇疾疫，卒徒多死。张急击之，巢以金啖璘，且致书请降于高骈，求保奏；骈欲诱致之，许为之求节钺。时昭义、感化、义武等军皆至淮南，骈恐分其功，乃奏贼不日当平，不烦诸道兵，请悉遣归；朝廷许之。贼诇知诸道兵已北渡淮，乃告绝于骈，且请战。骈怒，令璘击之，兵败，璘死，巢势复振。

（六月）黄巢别将陷睦州、婺州。庚戌，黄巢攻宣州，陷之。七月，黄巢自采石渡江。诏河南诸道发兵屯溵水，泰宁节度使齐克让屯汝州，以备黄巢。

黄巢众号十五万，曹全晸以其众六千与之战，颇有杀获；以众寡不敌，退屯泗上，以俟诸军至，并力击之；而高骈竟不之救，贼遂击全晸，破之。黄巢遂悉众渡淮，所过不虏掠，唯取丁壮以益兵。黄巢陷申州，遂入颍、宋、徐、兖之境，所至吏民逃溃。

（十一月）癸亥，齐克让奏：『黄巢已入东都境，臣收军退保潼关，乞早遣资粮及援军。』上命选两神策弩手得二千八百人，令张承范等将以赴之。

丁卯，黄巢陷东都，留守刘允章帅百官迎谒；巢入城，劳问而已，闾里晏然。

辛未，陕州奏东都已陷。壬申，以田令孜为汝、洛、晋、绛、同、华都统，将左、右军东讨。

乙亥，张承范等将神策弩手发京师。神策军士皆长安富家子，赂宦官窜名军籍，厚得禀赐①，但华衣怒马，凭势使气，未尝更战陈；闻当出征，父子聚泣，多以金帛雇病坊贫人代行，往往不能操兵。

十二月，庚辰朔，承范等至潼关，搜菁中②，得村民百许，使运石汲水，为守御之备；与齐克让军皆绝粮，士卒莫有斗志。是日，黄巢前锋军抵关下，白旗满野，不见其际，克让与战，贼小却，俄而巢至，举军大呼，声振河、华。克让力战，自午至酉始解，士卒饥甚，遂喧噪，烧营而溃，克让走入关。

辛巳，贼急攻潼关，承范悉力拒之，自寅及申，关上矢尽，投石以击之。关外有天堑，贼驱民千余人入其中，掘土填之，须臾，即平，引兵而度。夜，纵火焚关楼俱尽。壬午旦，贼夹攻潼关，关上兵皆溃，师会自杀，承范变服帅余众脱走。黄巢入华州，留其将乔钤守之。河中留后王重荣请降于贼。癸未，制以巢为天平节度使。

田令孜闻黄巢已入关，恐天子责己，乃归罪于携而贬之，荐徽、澈为相。是夕，携饮药死。百官退朝，闻乱兵入城，布路③窜匿。令孜帅神策兵五百奉帝自金光门出，唯福、穆、泽、寿四王及妃嫔数人从行。车驾既去，军士及坊市民竞入府库盗金帛。

注释 ①禀赐：官家的给赐。②菁中：草木茂盛的地方。③布路：分路走散。

译文 淮南节度使高骈派遣部下张璘等将领屡次击败黄巢，这使高骈在朝中的威望大增，朝廷十分倚重他。唐僖宗广明元年（八八〇年）四月，张璘渡过长江袭击贼军将帅王重霸，迫使王重霸投降；又屡次袭破黄巢军，于是黄巢退保饶州，其部下别将常宏率所部数万人降唐。张璘攻克了饶州，黄巢撤兵而逃。

黄巢屯兵信州的时候遇上瘟疫，很多士卒病死。张璘趁机急攻贼军，黄巢以黄金引诱张璘，并向高骈致书请降，请求高骈向朝廷保奏；高骈也想诱黄巢上钩，许诺愿为黄巢向朝廷求和。当时昭义、感化、义武等军队都赶到淮南，高骈恐怕这些军队瓜分他的功劳，于是上奏朝廷说贼众不几日就当平定，不用麻烦诸道军队，请求将诸道军队全部遣归本镇。朝廷相信高骈，批准了他的奏请。黄巢刺探到唐诸道兵已经北渡淮河，于是与高骈绝交，并且出战。高骈大怒，令张璘出战。张璘战败被杀，黄巢的势力又重新振作了。

六月，黄巢的别将攻陷了睦州、婺州两座城池。庚戌（二十八日），黄巢进攻宣州，将城攻克。七月，黄巢军从采石渡江。朝廷下诏命令河南各道出兵屯扎在溵水地，泰宁节度使齐克让屯兵于汝州，以抵抗黄巢。

黄巢的部队号称有十五万，唐将曹全晸率领六千

资治通鉴

兵马与他们交战，颇有杀获。但由于寡不敌众，退兵屯于泗州，以等待诸道援军的到来，并合力围剿；但高骈居然不出兵救援，黄巢派兵攻击曹全晸军，将其击败。黄巢于是趁机率军渡淮河，一路不掠，只招壮丁，以壮大队伍。黄巢军攻陷申州，于是进入颍、宋、徐、兖等州州境，起义军所到之处，官吏和百姓纷纷溃散逃跑。

十一月癸亥日（农历十一月十三日），齐克让上奏说：『黄巢已经进入了东都洛阳境内，臣收兵退保潼关，请皇上早日派遣物资粮草和援军支援。』僖宗下令从两神策军中挑选弩手，得到二千八百人，由张承范等人率领，赶赴潼关。

丁卯日（十七日），黄巢攻下了东都洛阳，留守官员刘允章率领朝廷百官拜迎黄巢；黄巢率军进入城中秋毫无犯，对官民进行劳问而已，坊间一片祥和。

辛未日（二十一日），陕州奏报朝廷说东都已经陷入叛贼手中。壬申（二十二日），唐僖宗封田令孜为汝、洛、晋、绛、同、华等六州的都统，率领左、右神策军向东出发征讨叛军。乙亥（二十五日），张承范等人率领神策军的弩手从京师开拔。神策军的士卒都是长安城内的富人子弟，通过贿赂宦官让名字登上军队的名籍，以获得优厚的赏赐，但这些人平时穿着华丽的衣服，骑着快马疾驰，凭借宦官的势力气焰嚣张，却从未参加过战阵，听说要上前线，父子聚在一起痛哭，大多人用金钱和布帛雇用病坊的穷人代替出征，这些人往往不懂打仗。

十二月庚辰朔（十二月初一），张承范等人来到潼关，在山林中搜寻到一百多个村民，驱使他们为军队运送石头，打水，做防御的准备；这时张承范军与齐克让军都已绝粮，士卒个个都没有斗志。这一天，黄巢军的前锋进抵潼关城下，白旗遍布山野，一望无际，齐克让率军出战，黄巢军小败，接着黄巢率大军赶到，全军大声呐喊，声音震撼黄河、华山。齐克让拼力而战，从午时一直奋战到酉时方才停战，士卒非常饥饿，便喧闹鼓噪着烧了营寨逃跑，齐克让也逃入潼关。

辛巳（初二），黄巢的叛军对潼关发起急切而猛烈的进攻，张承范倾尽全部兵力抵御，从寅时一直奋战到申时，潼关之上箭矢已经用完，就改用投石攻击敌军。潼关外有壕沟，黄巢军驱赶平民千余人来壕中，掘土将壕沟填上，不一会儿，即将壕沟填平。于是，黄巢军渡过壕沟。入夜，纵火将关楼全部焚烧干净。壬午（初三）早晨，黄巢军夹攻潼关，关上唐守军全部溃散，王师会自杀，张承范身穿便服，率领残余士兵逃脱。黄巢率军攻入华州，留部将乔钤据守。河中留后王重荣请求黄巢允许他投降。癸未（初四），朝廷颁布诏书，封黄巢为天平节度使。

田令孜听到黄巢大军已经进入关中的消息，害怕天下人责怪自己，就把罪过推到卢携身上，贬了他的宰相，而推荐王徽、裴澈为宰相。这天傍晚，卢携喝毒药自杀身亡。百官退出朝堂，听说乱兵已入长安城，分路躲藏。田令孜率领神策军士兵五百人护卫着唐僖宗自金光门出城，只有福王、穆王、泽王、寿王等四王及几个妃嫔随銮驾而去。唐僖宗的銮驾已经远远离开，长安城里的军人、士子和坊市的百姓争相闯入朝廷府库盗取金帛。

资治通鉴

晡时，黄巢前锋将柴存入长安，金吾大将军张直方帅文武数十人迎巢于霸上。巢乘金装肩舆，其徒皆被发，约以红缯，衣锦绣，执兵以从，甲骑如流，辎重塞途，千里络绎不绝。民夹道聚观，尚让历谕之曰：『黄王起兵，本为百姓，非如李氏不爱汝曹，汝曹但安居无恐。』巢馆于田令孜第，其徒为盗久，不胜富，见贫者，往往施与之。居数日，各出大掠，焚市肆，杀人满街，巢不能禁。

（十二月）庚寅，黄巢杀唐宗室在长安者无遗类。辛卯，巢始入宫。壬辰，巢即皇帝位于含元殿，画皂缯为衮衣，击战鼓数百以代金石之乐。登丹凤楼，下赦书；国号大齐，改元金统。唐官三品以上悉停任，四品以下位如故。以妻曹氏为皇后。以尚让为太尉兼中书令。璆，郊之子也，时罢浙东观察使，在长安，巢得而相之。

丁酉，车驾至兴元，诏诸道各出全军收复京师。

己亥，黄巢下令，百官诣赵璋第投名衔者，复其官。豆卢瑑、崔沆及左仆射于琮、右仆射刘邺、太子少师裴谂、御史中丞赵濛、刑部侍郎李涛、京兆尹李汤扈从不及，匿民间，巢搜获，皆杀之。广德公主曰：『我唐室之女，誓与于仆射俱死！』执贼刃不置，贼并杀之。发卢携尸，戮之于市。将作监郑綦、库部郎中郑系义不臣贼，举家自杀。左金吾大将军张直方虽臣于巢，多纳亡命，匿公卿于复壁；巢杀之。

译文 下午三时正至下午五时这段时间，黄巢的前锋将军柴存率军进入长安，唐金吾大将军张直方领着几十个文武官员在霸上迎接黄巢。黄巢坐着用黄金装饰

的轿子，其部下全都披着头发，穿着红丝锦绣衣裳，手持兵器跟从着，铁甲骑兵行如流水，辎重车辆塞满道路，大军延绵千里络绎不绝。长安居民夹道聚观，尚让挨个向士民们宣谕说：『我黄王起兵，本为了百姓！不像唐朝李氏皇帝不爱你们，你们只管安居乐业，不要恐慌。』黄巢住宿于田令孜的家，其部下将士为盗贼既久，极为富有，看到贫穷的人，往往施舍财物。在城里住了几天，黄巢的兵士们各自四处大行掠夺，焚烧坊市店铺，杀人无数，尸体堆满街道，黄巢却没能制止。

（十二月）庚寅，黄巢大举杀害唐朝的皇室成员，留在长安的皇室宗亲没有一个幸存的。辛卯（十二日），黄巢入居禁宫。壬辰（十三日），黄巢称帝，在含元殿即皇帝位，做天子礼服，敲响数百只战鼓替代金石音乐，作为登基之礼。黄巢登上丹凤楼，颁下赦书；定国号为大齐，改年号为金统。凡唐朝三品以上官员全部停任，四品以下官员保留官位如故。又册立其妻子曹氏为皇后。任命尚让为太尉兼中书令。崔璆是崔邠的儿子，当时已被罢免浙东观察使之职，闲居长安，被黄巢封为宰相。

丁酉日（十八日），唐僖宗一行人等到达兴元，下诏命令全国各道倾全部兵力收复长安。

己亥（二十日），黄巢颁下令旨说：原唐朝的文武官员只要到大齐宰相赵璋的府邸谒见自报名字和官衔，就可以恢复官职。唐宰相豆卢瑑、崔沆以及左仆射于琮、右仆射刘邺、太子少师裴谂、御史中丞赵濛、刑部侍郎李溥、京兆尹李汤由于来不及跟从唐僖宗出逃，留在长安，躲藏在民间，被黄巢军搜获，全部被杀死。广德公主说：『我是唐帝室之女，誓与于仆射同死！』抓住行刑队的刀不放手，被黄巢军一并杀死。黄巢军又发掘卢携的坟墓，将他的尸体放于街市砍杀。唐将作监郑綦、库部郎中郑系坚守臣节，不肯向黄巢军投诚，全家自杀。原唐朝左金吾大将军张直方虽然已经臣服于黄巢，却私下聚集了许多亡命之徒，还把唐室的公卿大员藏在家里的复壁里，黄巢杀死了他。

时诸道兵皆会关中讨黄巢。以忻、代等州留后李克用为雁门节度使。

（中和）三年，春，正月，李克用将李存贞败黄揆于沙苑；己巳，克用进屯沙苑。

二月，壬子，李克用进军乾阬，与河中、易定、忠武军合；尚让等将十五万众屯于梁田陂，明日，大战，自午至晡，贼众大败，俘斩数万，伏尸三十里。巢将王璠、黄揆袭华州，据之，王遇亡去。

甲子，李克用进围华州，黄思邺、黄揆婴城固守；克用分骑屯渭北。

黄巢兵数败，食复尽，阴为遁计，发兵三万扼蓝田道，三月，壬申，遣尚让将兵救华州；李克用、王重荣引兵逆战于零口，破之。克用进军渭桥，骑军在渭北，克用每夜令其将薛志勤、康君立潜入长安，燔积聚，斩虏而还，贼中大惊。

癸巳，李克用等拔华州，黄揆弃城走。李克用与忠武将庞从、河中将白志迁等引兵先进，与黄巢军战于渭南，一日三战，皆捷；义成、义武等诸军继之，贼众大奔。甲辰，克用等自光泰门入京师，黄巢力战不胜，焚宫室遁去。贼死及降者甚众，官军暴掠，无异于贼，长安室屋及民所存无几。巢自蓝田入商山，多遗珍宝于路，官军争取之，不急追，贼遂逸去。

黄巢使其骁将孟楷将万人为前锋，击蔡州，节度使秦宗权逆战而败；贼进攻其城，宗权遂称臣于巢，与之连兵。孟楷既下蔡州，移兵击陈，军于项城；犨先示之弱，伺其无备，袭击之，杀获殆尽，生擒楷，斩之。巢闻楷死，惊恐，悉众屯溵水，六月，与秦宗权合兵围陈州，掘堑五重，百道攻之。陈人大恐。犨数引锐兵开门出击贼，破之。巢益怒，营于州北，立宫室百司，为持久之计。时民间无积聚，贼掠人为粮，生投于碓硙，并骨食之，号给粮之处曰『舂磨寨』。纵兵四掠，自河南、许、汝、唐、邓、孟、郑、汴、曹、濮、徐、兖等数十州，咸被其毒。

（中和四年）二月，克用将蕃、汉兵五万出天井关；河阳节度使诸葛爽辞以河桥不完，屯兵万善以拒之。克用乃还兵，自陕、河中渡河而东。

朱全忠击黄巢瓦子寨，拔之。巢将陕人李唐宾、楚

唐僖宗帝

丘王虔裕降于全忠。黄巢围陈州几三百日，赵犨兄弟与之大小数百战，虽兵食将尽，而众心益固。李克用会许、汴、徐、兖之军于陈州。时尚让屯太康，夏，四月，癸巳，诸军进拔太康。黄思邺屯西华，诸军复攻之，思邺走。黄巢闻之惧，退军故阳里，陈州围始解。

朱全忠闻黄巢将至，引军还大梁。五月，癸亥，大雨，平地三尺，黄巢营为水所漂，且闻李克用将至，遂引兵东北趣汴州，屠尉氏。戊辰，追及黄巢于中牟北王满渡，乘其半济①，奋击，大破之，杀万余人，贼遂溃。尚让帅其众降时溥，别将临晋李谠、曲周霍存、甄城葛从周、冤句张归霸及弟归厚帅其众降朱全忠。巢逾汴而北，己巳，克用追击之于封丘，又破之。庚午夜，复大雨，贼惊惧东走，克用追之，过胙城，匡城。巢收余众近千人，东奔兖州。

庚辰，时溥遣其将李师悦将兵万人追黄巢。

（六月）甲辰，武宁将李师悦与尚让追黄巢至瑕丘，败之。巢众殆尽，走至狼虎谷，丙午，巢甥林言斩巢兄弟妻子首，将诣时溥；遇沙陀博野军，夺之，并斩言首以献于溥。

秋，七月，壬午，时溥遣使献黄巢及家人首并姬妾，上御大玄楼受之。宣问姬妾：『汝曹皆勋贵子女，世受国恩，何为从贼？』其居首者对曰：『狂贼凶逆，国家以百万之众，失守宗祧，播迁巴、蜀；今陛下以不能拒贼责一女子，置公卿将帅于何地乎！』上不复问，皆戮之于市。人争与之酒，其余皆悲怖昏醉，居首者独不饮不泣，至于就刑，神色肃然。

注释 ①半济：渡河渡到一半。

译文 那时候全国各道的兵马都汇集在关中准备讨伐黄巢。唐僖宗任命忻、代等州的留后李克用担任雁门节度使一职。

唐僖宗中和三年春天正月（即公元八八三年正月），李克用的部将李存贞在沙苑击败黄揆；己巳（初二），李克用率兵进入沙苑屯驻。

二月壬子（二月十五日），李克用挥师前往乾地，和河中、易定、忠武军三路兵马会师；尚让等人带十五万人马屯驻梁田陂。第二天，展开激战，从中午一直打到傍晚，贼寇大败，俘虏斩杀几万人，横卧在地上的尸体长达三十里，黄巢帅部下王璠、黄揆偷袭华州并成功占据，王遇逃跑。

甲子（二十七日），李克用挥军前进包围华州，黄思邺、黄揆据城坚守；李克用另外派一部分骑兵驻扎在渭北。

黄巢的军队多次被官军打败，加上粮食也用尽了，他暗地里谋划逃出长安，他派出三万兵马扼守住蓝田这一向南出走的要道。三月，壬申（初六），派遣尚让带兵救援华州；李克用、王重荣带领官军在零口迎击，获得胜利。李克用率令大军前赴渭桥，骑兵则布置在渭北，李克用每天夜间都命令将领薛志勤、康君立偷偷进入长安城，把黄巢积累的粮草财物烧成灰烬，斩杀俘虏的黄巢军兵将，黄巢军中大震。癸巳（二十七日），李克用等人攻陷了华州城，守城的黄巢军将领黄揆弃城而逃。李克用与忠武将军庞从、河中将军白志迁等带领人马先行进军，在渭南与黄巢军队展开激战，一天交战三次，都获得胜利；义成、义武等军相继赶到，黄巢人马只好争相败逃。甲辰（初八），李克用等从光泰门进入京师长安，黄巢顽强抵抗而不能取胜，最后放火焚烧宫殿后逃跑。贼寇战死和投降的人很多，但官军横暴抢掠，与贼寇没有什么两样，长安城内的房屋和百姓所剩无几。黄巢从蓝田逃跑，进入商山，沿途扔下许多珍贵的宝物，诱使官军争相抢夺而不加紧追赶，因此得以逃脱。

黄巢派他的猛将孟楷率领一万精兵为前锋袭击蔡州，唐朝节度使秦宗权主动出兵迎战被打败，孟楷进而攻打蔡州城池，秦宗权于是臣服黄巢，把他的队伍与黄巢的人马合并到一起。黄巢的骁将孟楷既已攻下蔡州，便调动军队去打陈州，率军驻扎在项城；赵犨先是向孟楷做出势单力薄的样子，乘他没有准备，发动突然袭击，孟楷的人马几乎全被斩杀擒获，本人也被活捉处斩。黄巢听说孟楷被处死，极其惊慌恐惧，把所有的人马都调集到溵水一带驻守。六月，黄巢和秦宗权联合兵力围攻陈州，挖掘了前后连接的五层沟堑，从无数条道路发起攻击。陈州人大为恐慌。赵犨多次率领精锐部队打开城门袭击叛军，大获全胜。黄巢更加震怒，在陈州的北面建立行营，设立宫室百官，做长远的打算。当时民间钱粮都没有积储，贼寇抓掠百姓充作粮食，把活人扔到石磨里面去磨，连同骨头一起吃掉，据说供给粮食的地方是『舂磨寨』。黄巢放纵士兵四处侵犯掠夺，河南、许、汝、唐、邓、孟、郑、汴、曹、濮、徐、兖等几十个州，都深受黄巢军的祸害。

（唐僖宗中和四年，即公元八八四年）二月，李克用率领由胡人和汉人组成的军队共五万人从天井关出发；河阳节度使诸葛爽以河阳桥还没完工为理由进行推

辞，在万善屯驻军队拒绝李克用经由这里。李克用便引兵回去，在陕州、河中渡过黄河向东而行。

朱全忠进攻黄巢的瓦子寨，顺利攻下。黄巢的部将陕州人李唐宾和楚丘人王虔裕归顺了朱全忠。黄巢围攻陈州近三百天，赵犨兄弟和他大大小小战斗了几百回合，虽然士兵的粮食即将吃完，但大家的信心却更坚定了。李克用在陈州与许州、汴州、徐州、兖州的各路官军相会；当时，尚让驻守太康，夏季，四月，癸巳（初三），各路官军推进攻克太康。黄思邺驻扎西华，各路官军又攻打西华，黄思邺逃跑。黄巢听到这些消息非常害怕，率领人马退到故阳里，陈州之围这才得以解决。

朱全忠听说黄巢快到了，班师回到大梁。五月，癸亥（初三），天下大雨，雨水淹没地面三尺深，黄巢的军营被水淹漫，又听说李克用将要来到，于是带领人马往东北方向的汴州奔去，进屠尉氏。戊辰（初八），在中牟北面的王满渡追赶上黄巢，李克用等到黄巢人马渡河渡到一半的时候，发起猛烈攻击，大破敌军，杀敌一万多人，黄巢军于是溃败。尚让率领人马向时溥投降，其他将领临晋人李说、曲周人霍存、甄城人葛从周、冤句人张归霸以及他的堂弟张归厚带领所部向朱全忠投降。黄巢经过汴河向北奔去，己巳（初九），李克用在封丘追上黄巢，又将黄巢打败。庚午（初十）夜间，又下大雨，贼寇惊慌畏惧向东逃跑，李克用率兵追击，经过胙城和匡城。黄巢收拾剩下的兵马还有将近一千人，东逃入兖州。

庚辰（二十日），时溥派遣李师悦率一万精兵追击黄巢。

（六月）甲辰（十五日），武宁军大将李师悦和尚让一起追击黄巢，追到瑕丘的时候打败了他。黄巢的人马没剩下多少，逃到泰山东南部的狼虎谷。丙午（十七日），黄巢的外甥林言斩下黄巢和黄巢的兄弟、妻子的头颅，正要拿着送到时溥那里，巧遇沙陀人的博野军。博野军抢走黄巢等人的头颅，还把林言头砍下献给时溥邀功。秋天七月壬午日（即秋季，农历七月二十四日），时溥派遣使者向僖宗献上黄巢和他家人的头颅和姬妾，唐僖宗登上大玄楼接受进献。僖宗向黄巢的众妾问话：『你们都是显贵人家的子女，世代接受国家的恩惠，为什么要跟随贼寇呀？』站在前面的一位回答说：『贼寇逞凶作乱，大唐有百万军队，却不能固守祖庙，流落到巴蜀一带，今天陛下责备一个女子不能抗拒贼寇，那么朝中的王公大臣将军统帅们又怎么说呢！』僖宗不再问话，下令全部在集市杀掉。她们受刑的时候，人们争相敬酒送行，众姬妾中只有为首一人不喝酒不哭泣，行刑时也是神色淡定，其他人都是悲伤恐惧，喝得昏昏沉沉醉倒。